Nach der für die Leipziger Juristenfakultät bestehenden Promotionsordnung ist die Drucklegung der Dissertation keine Vorbedingung der Promotion, und die Fakultät hat die Überzeugung, daß eine Prüfungsarbeit gut und ein vollgültiges Zeugnis der wissenschaftlichen Bildung ihres Verfassers sein kann, ohne daß ihr der allgemeine Wert zukommt, welcher ihre Veröffentlichung wünschenswert macht.

Doch hat die Fakultät es stets als einen Übelstand empfunden, daß eine nicht unbedeutende Zahl von ihr approbierter Dissertationen, welche die Wissenschaft fördern, theils gar nicht zum Druck gelangen, theils ohne Bezeichnung ihrer Eigenschaft als Doktorschrift veröffentlicht worden sind. Daher ist die Einrichtung getroffen worden, daß derartige Dissertationen unter den Auspizien der Fakultät veröffentlicht werden können. Die Thätigkeit der Fakultät wird sich dabei auf die Feststellung der Druckwürdigkeit beschränken; sie übernimmt keine Verantwortung für den Inhalt im Einzelnen.

Die Arbeiten erscheinen in selbständigen Heften und sind einzeln verkäuflich.

Leipzig, im Juli 1893.

Die juristische Fakultät:
Dr. J. E. Kuntze,
d. z. Dekan.

AUSGEWÄHLTE DOKTORDISSERTATIONEN
DER
LEIPZIGER JURISTENFAKULTÄT.

DIE ALLGEMEINEN STRAFRECHTLICHEN BEGRIFFE NACH CARPZOV.

Von

Dr. jur. ADOLF LOBE.

LEIPZIG,
VERLAG VON VEIT & COMP.
1894.

Druck von Metzger & Wittig in Leipzig.

Inhalt.

Einleitung.

Benedict Carpzovs Practica nova imperialis Saxonica rerum criminalium in partes III divisa vom Jahre 1635 bilden die erste vollständige Darstellung des sächsischen Strafrechts.[1] Man könnte fast sagen systematische Darstellung, wenn die Systematik sich nicht lediglich auf die Behandlung des einzelnen Verbrechens beschränkte. Weder sind die Delikte unter sich in Beziehung gesetzt, noch ist sonst das Ganze von einheitlichem Gesichtspunkte aus entwickelt. So mangelt vor allem, was doch heute das Wichtigste bei der Darstellung des strafrechtlichen Stoffs ist, eine Untersuchung und Entwickelung der Grundbegriffe, mit einem Worte, ein „allgemeiner Teil“.

Bei Gelegenheit wohl, wie es jedes einzelne Verbrechen mit sich bringt, geht Carpzov näher auf die Elemente des Strafrechts ein, ohne jedoch die Begriffe als für alle Delikte gleich giltige und notwendige, weil bei jeder strafbaren Handlung zu beachtende, zu entwickeln.

Gleichwohl kann man einen Anfang eines „allgemeinen Teils“ in der Reihenfolge, in der Carpzov die einzelnen Verbrechen behandelt, finden. Nicht ohne Absicht nämlich beginnt er sein Werk mit den Tötungsverbrechen. Mag auch ihre Wichtigkeit und Schwere mit maßgebend gewesen sein, so beruht doch hauptsächlich die Voranstellung darin, daß keine andre Gattung von Delikten in gleichem Maße geeignet ist, an ihnen die strafrechtlichen Grundbegriffe zu entwickeln und näher auf sie einzugehen. Allgemeine Begriffe, wie dolus, culpa, Urheberschaft, Versuch und Vollendung, finden gerade bei diesen Delikten wegen ihrer wichtigen Kombinationen die beste Beleuchtung.[2]

In Folgendem soll versucht werden, einen „allgemeinen Teil“ aus Carpzovs Practica rerum criminalium zu konstruieren. Daß

---

[1] Stintzing, Geschichte der deutschen Rechtswissenschaft, II. Abt. 1884. S. 70.

[2] Stintzing, a. a. O. S. 71. — Roßhirt, Deutsches Strafrecht I, S. 293.

er an manchen Stellen spärlich und dürftig ausfallen wird, liegt, ich will nicht sagen zum großen Teil, so doch mit an Benedict Carpzov selbst.

Es kann und soll hier nicht meine Aufgabe sein, den Streit über die Würdigung Carpzovs zu erneuern.[1] Es soll vielmehr nur versucht werden, so objektiv wie möglich an der Hand Carpzovs den Grundriß eines allgemeinen Teils zu seinem Werk zu entwerfen; in ein System zu bringen das, was er selbst bei Darstellung der einzelnen Verbrechen über allgemeine strafrechtliche Begriffe äußert.

Dies wird von selbst zu einer Klarlegung des wissenschaftlichen Charakters unseres Autors führen.

Wenn aber gerade Carpzovs Werk gewählt ward, so findet das seine Rechtfertigung in der Erwägung, daß die Darstellung der allgemeinen strafrechtlichen Begriffe dieses Juristen eine Entwickelung der Grundsätze bedeutet, die zum mindesten in der Praxis lange Zeit und weit über Sachsen hinaus angewendet wurden, und daß mit ihnen zugleich die peinliche Gerichtsordnung Karls V. zur vollen praktischen Durchführung in Deutschland gelangte.[2] Denn darüber sind sich Freunde und Feinde Carpzovs einig, daß sein Werk bei der Rechtsprechung eine Geltung erhalten hatte, wie keine Privatarbeit vor ihm und nach ihm. Etwa der Einfluß von Windscheids Lehrbuch des Pandektenrechts läßt sich einigermaßen mit ihm vergleichen.

---

[1] Wächter, Beiträge zum gem. Recht. — Kriminalistische Blätter von Hommel, S. 230 ff. — Henke, Kriminalrecht, S. 45. — Stintzing, a. a. O. S. 55 ff. — Roßhirt, Deutsch. Strafrecht I, S. 291 ff. — Thibaut, Civil-Arch. V, S. 314. — Malblank, Geschichte der peinl. Gerichtsordnung Karl V. — Hitzig, Annalen II, S. 196.

[2] Stintzing, a. a. O. S. 72.

I. Allgemeines.

§ 1.

Begriff des Verbrechens.

Dreierlei fordert Carpzov für die Entstehung eines Verbrechens:[1] animus, factum, delictum; animus, ut quis intendat delinquere: also einen schuldhaften Willen; factum, ut sequatur delictum: daß der Wille zur That geworden; delictum, ut per legem sit punibile: daß die That unter ein Strafgesetz falle. Freilich legt auf letzteres Erfordernis Carpzov kein besondres Gewicht, und er ist weit davon entfernt, den Satz aufzustellen: nulla poena sine lege.

1. Im Willen sieht Carpzov Wesen und Ursprung des Verbrechens. Der Wille regiert alle menschlichen Handlungen und eine solche, die ihren Anstoß nicht durch den Willen empfängt, ist für Carpzov keine Handlung. Ein verbrecherisches Thun folglich kann nur in einem schuldhaften Willen seinen Ursprung haben: neque delictum absque voluntate committitur.[2] — Eo, quod malitia ex voluntate procedat, igitur voluntas distinguit delictum a non delicto et peccatum a non peccato discernit.[3] Denn Verbrechen ist Sünde und Sünde ist Auflehnen des Willens wider Gottes Willen.

Daß hierbei nur von einem menschlichen Willen und einer menschlichen Handlung die Rede sein kann, ist uns selbstverständlich.[4] Und doch galt lange Zeit nach altem römischen und zum Teil auch früherem deutschen Recht der Grundsatz, daß selbst Tiere unter Umständen Verbrechen begehen können und folglich mit Strafe zu belegen seien.

Dies namentlich beim Verbrechen der Bestialität. Geib[5] läßt auch Carpzov noch an diesem Grundsatz festhalten. Dieser sagt nun zwar:[6] in Sachsen sei es in usu receptum, daß „brutum, cum

---

[1] Qu. I, 18. [2] Qu. I, 17; qu. CXLIII, 11.
[3] Qu. I, 18; qu. CXLV, 14 sq.
[4] Qu. CXXXI, 1: homines noxii, qui deliquerunt, dicuntur materia, in qua poenae sunt exercendae.
[5] Lehrbuch des deutsch. Strafrechts II, S. 198.
[6] Qu. LXXXI, 31; qu. CXXXI, 16.

quo Sodomia fuit peracta" verbrannt würde. Er ist aber, was Geib nicht beachtet, weit davon entfernt, dieses Verbrennen als eine Strafe des Tieres hinzustellen. Im Gegenteil sagt Carpzov ausdrücklich:[1] neque enim animantia bruta in crimine hoc Sodomiae ob peccatum commissum puniuntur, sed quia instrumenta fuere socia, cum quibus homines nefantissimum perpetrarunt nefas. Carpzov ist also nicht mehr so thöricht, die Tiere bestrafen zu wollen, sieht es aber als einem gewissen Anstandsgefühl entsprechend an, daß dergleichen Tier nicht in conspectu hominum versatur; es werde getötet, ne animal odium et indignitatem hominibus incuteret.[2] Gewiß eher eine feinfühlige als eine barbarische Anschauung.[3]

Der böse Wille also wirkt die Schuld, schafft volle Verantwortlichkeit. Böser Wille ist aber der freie Wille des Menschen, der sich in Widerspruch setzt mit der Rechtsordnung, oder, wie Böhmer in seinen observationes ad Carpzovii practica (ad qu. I, obs. 2) den carpzovischen Ausdruck richtig erklärt: animum delinquendi accipio pro voluntate alteri per neglectam legum observantiam aegre faciendi. Eine bessere Definition giebt auch die moderne Rechtswissenschaft nicht.[4]

2. Daß zur Entsthehung eines Verbrechens weiter ein factum vorliegen muß, eine Handlung im weiteren Sinne, ist selbstverständlich.[5] Der verbrecherische Wille muß in die äußere Erscheinung treten, es muß eine objektive Rechtsverletzung wirklich da sein.[6] So erkennt auch Carpzov den Satz an: cogitationis poenam nemo patitur.[7]

3. Auffällig ist bei Carpzov der Satz: delictum, ut per legem sit punibile. Freilich stellt er hier ein Erfordernis auf, das bei uns Axiom geworden ist,[8] zu Carpzovs Zeit aber nicht vorhanden war. Er hat diesen Satz von Gomez abgeschrieben, der ebenfalls kein besondres Gewicht auf diese Worte legt. In qu. CXXXIII, 2 widerspricht sich Carpzov auch selbst, indem er im Gegenteil sagt, daß es unmöglich sei, jede einzelne Art von Unrecht aufzuzählen und mit Strafe zu bedrohen. Hierfür diene gerade die Kategorie des stellionatus. Wenn auch der Richter zuerst nach dem Gesetz sich richten solle, so sei er doch nicht allein auf dieses beschränkt.

---

[1] Qu. LXXVI, 33. [2] Qu. LXXVI, 33.

[3] v. Amira, Tierstrafen und Tierprozesse, 1891, hält das Abthun der Tiere bei Carpzov für eine Maßregel der Präventivpolizei.

[4] Hälschner, System des brandenb.-preuß. Strafrechts, S. 94.

[5] Gleichwohl betont dies das österr. StGB, S. 11, noch ausdrücklich. — Über Omissivdelikte weiter unten.

[6] Qu. XXIII, 35; qu. XVI, 2. [7] Qu. XVII, 18; qu. XXVII, 70.

[8] StGB. § 2.

Nicht das allein sei delictum, was das Gesetz mit Strafe belege, sondern der Richter solle auch das bestrafen, was durch Sitte und Gewohnheit als delictum hingestellt werde, dabei aber sich von seiner aequitas, religio und fides leiten lassen, nicht etwa willkürlich verfahren.[1]

Bei der Darstellung des Folgenden wird jedoch jene von Carpzov qu. I, 18 angegebene Dreiteilung beobachtet werden, um so mehr, als es nach dieser gestattet ist, das Verbrechen genetisch ins Auge zu fassen: zuerst nach seiner Willensseite, dann nach der Thatseite, der äußern Form, in der es in die Erscheinung tritt, und zuletzt nach der Reaktion des Gesetzes auf die That.

II. Wille.

§ 2.

Dolus.

Quidquid imputationis delictis inest, fundamentum suum habet in voluntate.[2] Voluntas ist der allgemeine Begriff, er scheidet sich wieder in die beiden Unterarten dolus und culpa, die lediglich durch ihre Intensität verschieden sind. Der dolus bezeichnet schlechthin den schuldhaften Willen, der mit vollem Bewußtsein für eine That die Ursache setzt.[3] Er ist der pravus animus. Selbst Carpzov sieht den dolus eigentlich noch allein für fähig an, ein Verbrechen zu schaffen — sine dolo enim et malo animo non videtur proprie posse dici crimen[4] — doch meint er hiermit ein crimen ordinarium, auf das poena ordinaria, d. i. legibus statuta steht, im Gegensatz zu den crimina extraordinaria.[5] Durch die Aufstellung seines Begriffs vom dolus indirectus, der vor ihm gewöhnlich als culpa angesehen wurde, nähert er sich aber bereits Böhmers Ansicht.[6]

Gleich dem größten Teil der heutigen Kriminalisten unterscheidet auch Carpzov zwischen Absicht und Vorsatz, je nachdem

---

[1] Qu. CXXXIII, 5. 6.

[2] Böhmer, observ. 2 ad qu. I. — Henke, Kriminalrecht I, S. 366. 369. — Carpzov, qu. I, 17. 18. — Suevus, Synopsis pract. nov. rer. crim. Carpz. ad qu. XXVII.

[3] Berlich, Conclusiones, XXIV, 2: incendium dolo et ex proposito fit, quod consulto, data opera et malitiose a sciente prudenteque immittitur.

[4] Qu. CXLII, 30; qu. CXLIII, 11.

[5] Qu. CXLII, 33. [6] Böhmer, observ. I ad qu. CXLII, 5.

der verbrecherische Wille sich auf den Erfolg der Handlung in erster Linie richtet, oder auf die Handlung als solche, also der daraus entspringende Erfolg erst das Sekundäre ist. Er spricht dann von einem animus, z. B. occidendi, d. i. einer Absicht, zu töten. Etsi enim is, qui animum pravum occidendi habet, semper in dolo versetur, non tamen contra is, qui in dolo versatur, semper animum occidendi habet.[1] Carpzov sagt sehr richtig, daß wer auf das Resultat einer Thätigkeit sieht und dieses will, auch immer die Thätigkeit selbst mit ins Auge fassen muß und diese dann auch will; nicht ebenso unbedingt aber sei das Umgekehrte notwendig; der Mensch wolle oft eine Thätigkeit um ihrer selbst willen und lasse den Erfolg dahingestellt.

Erkennt nun Carpzov diese beiden Beziehungen des Willens an, den dolus, der sich vorerst nur auf die nächstliegende Thätigkeit erstreckt, das Mittel in erster Linie will, und den animus occidendi — um mit Carpzov beim Beispiel des Tötens zu bleiben —, der vornehmlich und zuerst das Resultat der Handlung ins Auge faßt, den Zweck des Thuns erreichen will, so muß er sich auch entscheiden, ob beide oder welcher von beiden erforderlich ist für die ursächliche Beziehung des Willens zur That, für die Zurechnung. Er entscheidet sich dafür, nur dolus, Vorsatz, zu erfordern,[2] daß Absicht, animus, d. i. occidendi, nicht notwendig sei, sondern lediglich — wie Carpzov den schuldhaften Willen, der auf ein verbrecherisches Thun gerichtet ist, nicht uneben nennt — der animus delinquendi.[3] Ja, Carpzov kann sich eine ersprießliche Rechtspflege, die das Erfordernis des animus occidendi, der Absicht, aufstellt, gar nicht denken.[4] „Viele Morde", meint er, „blieben dann unbestraft; es wäre leicht, sich mit der Ausrede zu entschuldigen, einen so schlimmen Ausgang habe man gar nicht beabsichtigt; die Advokaten würden kommen und den Streit in die Länge ziehen, und gegen die Wahrheit die Sache su verteidigen, könne nicht schwer fallen".

Sagt nun aber Carpzov, Absicht sei nicht notwendig, und will er gleichwohl den Erfolg der Handlung dem Thäter zurechnen, so muß er diese Zurechnung auf andere Weise begründen. Das thut er, indem er den Dolusbegriff weiter faßt, indem ihm dolus nicht nur das Vorstellen der Handlung, des Mittels ist, sondern auch das Vorstellen des daraus möglicher Weise resultierenden Erfolgs. Gerechtfertigt wird also die Zurechnung des praeter intentionem liegenden Erfolgs dadurch, daß derselbe, wenn auch nicht beabsichtigt, so doch als innerhalb des Kausalzusammenhangs

[1] Qu. I, 53; qu. XXVII, 5.
[2] Qu. I, 15. 51. 53.
[3] Qu. I, 54; qu. XV, 13.
[4] Qu. I, 42.

liegend,[1] somit als möglich, ja sogar wohl als wahrscheinlich eintretend vorgestellt war und die That dennoch unternommen wurde.[2]

Wie Carpzov die Haftung aus opus illicitum begründet, zeigt, daß der Erfolg wirklich als möglich oder wahrscheinlich nach dem gewöhnlichen Lauf der Dinge in die Vorstellung aufgenommen sein muß, mithin nicht jeder Erfolg schlechthin, wenn er nur aus einem opus illicitum entsprang, zum Vorsatz zugerechnet werden soll, wie es bei seiner ungenauen Ausdrucksweise erscheinen könnte. Allerdings ist das, was aus einem opus illicitum folgt, im allgemeinen dem Thäter zuzurechnen: Teneatur de omni eo, quod sequitur praeter illius intentionem et voluntatem, d. h. der Thäter haftet auch für den nicht beabsichtigten Erfolg.[3] Aber nicht giebt schlechthin der Erfolg den Ausschlag für die Charakterisierung einer Handlung: animum et voluntatem, non etiam exitum attendi in eo solum, qui omnino animum non delinquendi habet,[4] nicht wird schlechthin das, was aus opus rei illicitae folgt, dem Thäter zugerechnet. Das geht auch aus dem hervor, was Carpzov über die culpa sagt, wie später gezeigt werden wird, besonders aber aus folgenden Worten:[5] Notum est, quod dans operam rei illicitae teneatur de omni eo, quod sequitur praeter intentionem et voluntatem, d. h. nicht beabsichtigt, si nimirum causa sit ordinata et tendat ad subsecutum delictum, ita quod delicti autor verisimiliter aut cogitavit vel cogitare potuit, aut saltem cogitare debebat de eo, quod inde facile successurum erat. Carpzov selbst bezeichnet ein solches Handeln als ein versari in dolo in genere[6] und sagt: in delictis autem puniendis sufficere dolum in genere. Schon Berlich sagt dasselbe conclus. XLVI, 5: in criminalibus ad condemnationem sufficit dolus in genere, quod ille qui occupavit vel deliquit, habuerit animum offendendi et (z. B.) furandi. Aus der Bezeichnung animus offendendi geht die wahre

---

[1] Qu. X, 14. [2] Qu. V, 37; qu. I, 28. 29.

[3] Qu. I, 29; qu. XV, 13; qu. XXV, 55; qu. I, 54; qu. X, 14 (per se immediate et necessario!)

[4] Qu. XV, 13; qu. II, 29; qu. XXV, 55.

[5] Qu. I, 29. — Suevus, Synopsis ad qu. XIX, ad qu. XLIII. — Böhmer, observ. 2 ad qu. I: Non enim sufficit cogitare debuisse, quod si factum non fuerit, culpam infert, nisi verisimilis cogitationis actualis, quae dolum arguit, argumenta concurrit. Das cogitare debebat ist also Beweisfrage! — Und ferner vorzüglich: Etenim illud verum est, si quis mortis causam propinquam praebeat et eventus ex opere illicito et per se, immediate et necessario sequatur; secus autem, si quis causam praebeat remotam, quae non ordinata est ad subsecutum eventum.

[6] Qu. I, 30. — Berlich, concl. XLVI, 8. — Suevus, Synopsis ad qu. I,

Meinung über diesen dolus hervor: es ist dasselbe, was Carpzov mit animus delinquendi abstract bezeichnet, ein Wille, der zunächst nicht auf den aus der Handlung resultierenden Erfolg gerichtet ist, sondern nur primo loco auf die That, der aber notwendig den schließlichen Erfolg als einen möglichen, gleichwohl im Bewußtsein aufgenommen haben muß, um ihn zurechenbar zu machen. Dieser dolus generalis oder indirectus[1] bildet das wesentlichste Element in Carpzovs doktrineller Behandlung des Strafrechts. Behält man im Auge, wie weit er den dolus faßt, so erklären sich manche Eigentümlichkeiten. Denn gewollt, dolos, ist bei Carpzov jeder Erfolg, den sich der Thäter als innerhalb der Kausalität liegend vorgestellt hat. Er erfordert kein bestimmtes Beabsichtigen. Carpzov scheidet diese voluntas, z. B. committendi homicidii, auch in

1. directa et per se:[2] diese hat, wer den animus occidendi, die Tötungsabsicht, hat, also den Erfolg von vornherein will,

2. indirecta:[3] sie hat, wer den Erfolg nicht prinzipaliter will, sondern wissentlich und vorsätzlich eine Handlung begeht, aus der unmittelbar und durch sie selbst der Tod erfolgt und deren Erfolg auch vorgestellt ist. Utraque autem voluntas, fügt Carpzov hinzu, in actum homicidii fertur. Gewollt also kann auch ein nicht beabsichtigter Erfolg sein: voluntarie quoque occidere videtur non solum is qui animum occidendi habet, sed et qui vulnerando causam praebet mortis.[4] Ein dolos begangenes Tötungsverbrechen z. B. liegt bereits vor, wenn der Thäter vorsätzlich und willentlich jemand so verwundet hat, daß er sich sagen mußte, die Wunde könne möglicherweise den Tod herbeiführen. Es ist hinreichend, daß er dolose (absque animo occidendi) percussit aut vulneravit. Natürlich muß der Erfolg unmittelbar durch die Handlung verursacht sein, nicht per accidens, durch eine außerhalb der Berechnung liegende Thatsache.[5]

Lediglich also die weitgefaßte Betonung des dolus generalis s. indirectus ist es, die das Erfordernis des animus occidendi für Carpzov überflüssig macht.

Hatten auch die italienischen Kriminalisten schon Unterscheidungen des dolus angenommen, so brachte doch zuerst Carpzov den Unterschied von dolus indirectus und directus in Deutschland zur Geltung. Zwar stellte er damit nicht einen andern Begriff auf

---

[1] Qu. I, 52—62. [2] Qu. I, 32.
[3] Qu. XXVII, 6. 7; qu. I, 32—62, 55. 31. [4] Qu. I, 31.
[5] Qu. X, 14; qu. III, 2.

als Berlich mit seinem dolus generalis.[1] Denn dieser bezieht sich ebenso wie Carpzovs dolus indirectus auf den Erfolg. Nur in der Begründung Carpzovs liegt dessen Verdienst, daß er die Verantwortung des Erfolgs aus dem Wissen über sein Eintreten herleitet. Dies hat Leyser[2] verkannt, und darum sieht er nicht die Grenze zwischen dolus indirectus und culpa. Dagegen vertheidigt Böhmer den dolus indirectus in observ. 2 ad qu. I.

Wann ist nun ein solcher dolus indirectus vorhanden, wann insbesondere eine Tötung dolos zu nennen? Wer weiß, daß eine bestimmte und genau bemessene Wunde nicht zugefügtwerden kann, hat Vorsatz und Willen auf alles das, was aus der dolos zugefügten Verwundung unmittelbar folgt.[3] Wer mit Waffen und Werkzeugen, mit denen wahrscheinlich und des öftern beim Verwunden der Tod zugefügt wird, in schuldhafter Weise zuschlägt, muß sich sagen, daß er den Erfolg nicht in seiner Hand hat.[4] Nicht der animus occidendi wird hier präsumiert, sondern es wird das Wissen von der Möglichkeit und Wahrscheinlichkeit, daß man den Tod verursachen könne, beim Gebrauche gefährlicher Werkzeuge angenommen. Das Handeln trotz dieser Erkenntnis wirkt die Schuld. Sagt aber Carpzov; qui scit aut saltem scire debebat, so bezieht sich dieses scire debebat eben nur auf die Beweisfrage.[5] Wenn die Umstände so liegen, dass jeder zurechnungsfähige Mensch den möglichen Eintritt des Todes voraussehen, die Gefährlichkeit des Handelns kennen müßte, so kann auch der Richter annehmen, ohne es noch besonders nachweisen zu müssen, daß der Thäter, wenn er überhaupt zurechnungsfähig ist, dies gewußt hat. Hier aber liegt die Grenze zwischen dolus und culpa.

Es ist nicht uninteressant, dieser Auffassung Carpzovs vom dolus indirectus die Ausführung der Motive zum deutschen Straf gesetzbuch an die Seite zu stellen. Man wird eine überraschende Gleichheit der Anschauung finden, die jedenfalls von einer Kontinuität in der Auffassung des Dolusbegriffes zeugt. Es heißt da: „Die Erfahrung lehrt, daß gerade bei den Körperverletzungen und dem Totschlage der Vorsatz fast immer ein völlig unbestimmter ist (dolus in genere oder indirectus bei Carpzov). Der Thäter greift zur gefährlichen Waffe und gebraucht sie, es ist ihm gleich,

---

[1] Andrer Meinung Hälschner a. a. O. S. 131, 132.

[2] Meditationes ad Pand. spec. 397 no. 17 sq., 603.

[3] Qu. I, 55: dolose percutere tali instrumento quo homicidium communiter committi solet.

[4] Qu. III, 4. — Suevus, Synopsis ad qu. 2.

[5] Böhmer, observ. 2 ad qu. I.

ob sie leicht oder schwer verletze oder sogar töte, alle diese Erfolge stehen ihm unklar vor Augen: auch der letzte ist ihm recht und er genehmigt ihn gleichsam im Voraus, wenn er eintreten sollte" (Carpzov:[1] praebet causam mortis). — „Auch diese unbestimmte Absicht soll ihm nach dem Willen unseres Strafrechts als Totschlag angerechnet werden, ja selbst dann, wenn er sich nur sagen mußte oder sagen konnte, die Handlung werde auch den tötlichen Erfolg haben", — denn, würde Carpzov sagen, aeque ille in dolo est.

In der That, diese Ausführungen der Motive muten einen an wie eine Übersetzung aus Carpzov. Es ist also nur nötig, um nun wieder mit Carpzov zu reden, daß die vulneratio und percussio eine solche sei, quae tali modo et instrumento fit, quod ad caedem perpetrandam aptum est et quo communiter ac saepissime mors inferri solet, ut ita percutiens a principio talem eventum necessario cogitare potuerit.[2] Die arma ad internecionem regulariter apta zählt Carpzov auf,[3] überläßt aber schließlich doch die Frage, wann ein solches gefährliches Werkzeug vorhanden sei, dem arbitrium iudicis prudentis.[4] Es hat für uns keinen Wert, die einzelnen Waffen, wie Carpzov, zu nennen. Erwähnt sei nur noch, daß auch der derbe Stock als solche geeignete Waffe gilt, wenn mit ihm wiederholt aufs Haupt geschlagen wird. Doch auch bei Tötungen ohne Waffen nimmt Carpzov einen dolus generalis an, wenn sonst die Umstände darnach angethan sind, z. B. beim Würgen, Schlagen mit der Faust in loco periculo etc.[5]

Selbstverständlich hat Carpzov aber nicht sagen wollen, daß aus der qualitas armorum stets auf den dolus zu schließen sei.[6]

Nicht berühren den dolus an sich das Motiv, das ihn erzeugte, und die Umstände, unter denen er gefaßt wurde. Doch unterscheidet auch Carpzov einen dolus deliberativus seu praemeditatus[7] und einen dolus ex iracundiae colore commissus,[8] also einen Entschluß, der mit Ueberlegung gereift ist, und einen, der im Affekt entstanden. Außerdem erwähnt er noch eine dritte Art: nulla interveniente causa proditorie commissum,[9] einen verbrecherischen Willen,

---

[1] Qu. I, 31.
[2] Qu. III, 3. [3] Qu. III, 6; qu. XV, 2. 11; qu. XXVII, 5.
[4] Qu. III, 7. [5] Qu. III, 46.
[6] Böhmer, observ. 2 ad qu. I.
[7] Qu. I, 13; qu. VII, 1.
[8] Qu. I, 15; Böhmer, observ. 1 ad qu. V. — Die Carolina, Art. 137, hebt den Unterschied zwischen praemeditirtem und im Affekt gefaßten dolus scharf hervor.
[9] Qu. VII, 21 squ.

der ohne ersichtlichen Grund lediglich aus Neigung zum Bösen gefaßt ist. Carpzov sieht in ihm eigentlich ein strafschärfendes Moment und will ihn nur deshalb nicht härter bestraft wissen, weil nullibi gravior et peculiaris poena constituta sit pro homicidio proditoriae commisso.[1]

Gleichwohl legt Carpzov auf diesen Unterschied im Anschluß an die Italiener kein weiteres Gewicht.

---

§ 3.

Error.

Die Frage nach dem Einfluß des Irrtums über Thatumstände[2] ist in der That eine Frage nach der Zurechnung des Geschehenen zum Gewollten, wenn beides sich nicht völlig deckt. Über das Gewollte hinaus liegt casus vor. Darauf wird unten noch zurückzukommen sein.

Es ward gezeigt, wie Carpzov das Wesen des dolus sieht im Wissen von dem, was man thut, und dem, was aus dem Thun folgt. Daraus erhellte, daß er auch demjenigen, der das Vorhandensein von Thatumständen schuldlos nicht kannte, die zum gesetzlichen Thatbestand gehören oder die Strafbarkeit erhöhen, diese nicht zurechnet. Gehört zum parricidium beispielsweise die Kenntnis der Verwandteneigenschaft, so wird derjenige, der aus error in obiecto seinen Verwandten tötet, d. h. die Verwandtenqualität dieses Objekts nicht kannte, nur mit der einfachen Strafe des homicidium, nicht der des parricidium belegt. In homicidio sufficit homicidam habere animum dolosum, poena parridii ordinaria tunc demum obtinet, si ex proposito fuerit parricidium perpetratum.[3]

Carpzov erwähnt dieses Falles des error in obiecto als Strafmilderungsgrund beim parricidium, weil er bei diesem überhaupt

---

[1] Qu. VII, 22. 9. — Carolina, Art. 148. — Constit. Saxon. Elect. 3. 4.

[2] Über Rechtsirrtum erwähnt weder Carpzov noch Berlich etwas, vgl. Heinemann, Zur Dogmengeschichte des Rechtsirrtums, Zeitschr. f. d. ges. Rechtswissensch. Bd. XIII, S. 375.

[3] XVIII, 15. — Unrichtig Civilistisches Archiv 1837, S. 563—66, woselbst behauptet wird, Carpzov mache die Ansicht des Bartolus, Comment. ad l. 14 D. ad leg. Cornel. de sicc. 2, daß der Irrtum schlechthin ohne allen Einfluß sein solle, sogar beim Verwandtenmord zu der seinen. Dagegen spricht gerade XVIII, 15. 18. Berlich allerdings läßt den Irrtum schlechthin ohne allen Einfluß sein: alii igitur rectius dicunt, quod hoc in casu locus sit poenae ordinariae parricidii, conclus. X, 4.

mehrere Strafmilderungsgründe behandelt. Es leuchtet aber ein, daß die Unkenntnis eines Thatbestandmerkmals nicht als Milderungsgrund desjenigen Verbrechens, für den das Thatbestandsmerkmal wesentlich ist, angesehen werden kann, daß dann überhaupt nicht jenes qualifizirte, sondern das unqualifizirte Verbrechen vorliegt. Und das ist wohl eigentlich auch die Meinung Carpzovs, trotz der falschen Einordnung dieses error unter die Strafmilderungsgründe.

Ist ein Thatbestandsmerkmal nicht in den Willen aufgenommen, auch nicht einmal eventuell oder in genere, so liegt für dieses kein dolus (indirectus) vor und es kann also nicht zugerechnet werden. Magis in culpa quam in dolo est.[1]

Es ist aber beim error in obiecto in Konsequenz des Dolusbegriffs nach Carpzov stets zuzusehen, ob der Thäter die Möglichkeit des error vorher sah oder als vernünftiger Mensch voraussehen mußte. In diesem Falle freilich befreit error von Strafe nicht.

Etwas anderes ist die Einflußlosigkeit des error in Bezug auf die nähere Bestimmung des Objekts, wenn durch ihn nicht ein Irrtum über einen Thatbestand herbeigeführt wird. In diesem Sinne sagt Carpzov sehr richtig: Ob jemand Titius oder Sempronius töten will, ist gleichgültig: habuisse animum dolosum etiam respectu Sei, si non in specie, tamen in genere;[2] und: Illud enim in homicidio absque dubio verum est, ubi sufficit homicidam habere animum dolosum vel propositum occidendi, si effectus sequatur, nec interest, an hunc vel illum occidere voluit: pariter enim delinquit necando Maevium vel Titium, quia habuit animum dolosum.[3]

Carpzov unterscheidet nun drei Fälle des error in persona oder in obiecto, der dritte gehört aber in der That nicht hierher, sondern bildet vielmehr ein Beispiel für den reinen dolus generalis.

1. Der Thäter will den Titius töten, kann ihn aber nocte vel etiam ira commotus nicht erkennen oder kennt ihn überhaupt nicht genau und tötet, in der Meinung den Titius zu treffen, den Sejus.[4] Der Fall ward oben schon besprochen. Es steht fest, daß er certum subiectum percussit (d. i. für den Thatbestand das Wesentliche) Seiumque occidit ex proposito d. h. vorsätzlich. Hier alterirt der

---

[1] Qu. XVIII, 15.

[2] Qu. XVIII, 18. Berlich, concl. X, 4. 6: . . sufficit certum hominem, puta Caium Seium iniuria affectum esse, etiam si iniurians putaverit, hunc esse Lucium Titium; und ebenso concl. X, 18: unica et principalis ratio, obquam quis alium, quam suum inimicum occidens teneatur poena ordinaria, haec est, quia hominem occidit.

[3] Ungenau Geib, Lehrbuch des deutschen Strafrechts II, S. 272.

[4] Qu. V, 12.

Irrtum als Irrtum im Beweggrund nicht den dolus: zwischen Wille und That, That und Effekt muss Kausalzusammenhang, Zurechnung, angenommen werden.

2. Jemand will den Titius töten, den er wohl kennt, über dessen Person also kein Irrtum vorliegt. Durch Zufall aber wird Sejus getötet, der daneben stand oder vorüber ging.[1] Das ist ein sog. Aberrationsfall. Carpzov will dabei wieder teilen in casus fortuitus und casus improvisus;[2] ersterer aus opus licitum resultierend, letzterer aus illicitum. Auch hier bringt ihm den entscheidenden Gesichtspunkt die Frage, ob der Thäter sich der Möglichkeit der Aberration bewußt gewesen ist, sie hätte voraussehen können, oder nicht. Ersteren Falles liegt auch bei der Aberration dolus indirectus vor.[3]

§ 4.

Culpa.

Da Carpzov zum dolus den animus z. B. occidendi nicht erfordert, muß er demgemäß auch die culpa anders begrenzen als diejenigen thun, die Absicht verlangen. Diese sagen in Consequenz ihrer Anschauung:[4] culposum et non dolosum esse homicidium illud, quod ab occisore committitur sine animo et voluntate occidendi. Carpzov darf darauf natürlich nicht abstellen, da der Mangel des animus occidendi bei ihm noch nicht auf das Fehlen des dolus überhaupt schließen läßt.[5] Culpos[6] wird bei Carpzov das homicidium demnach dann begangen, wenn weder ein animus directus noch ein animus indirectus vorhanden, d. h. der Erfolg in Wille und Vorstellung weder als bestimmt noch als eventuell oder unbestimmt aufgenommen war, also auch die Verwundung z. B entweder nicht vorsätzlich geschah, oder zwar vorsätzlich, doch ohne die Voraussicht ihrer möglichen Tötlichkeit.

[1] V, 17. Berlich, concl. X, 8. 9.

[2] V, 18. — Siehe später casus, § 5.

[3] Ungenau Geib a. a. O., S. 270. — Berlich dagegen, auf die Unterscheidung zwischen dolus directus und indirectus nicht eingehend, kennt zwar den Unterschied zwischen error in persona und dem sogen. Aberrationsfall, läßt aber in beiden Fällen unterschiedslos die poena ordinaria eintreten, cum quis non ob scientiam vel ignorantiam, sed propter dolum, quem contra suum adversarium concepit, poena ordinaria puniatur, si alium offendit. Nur dann läßt er Aberration als Milderungsgrund gelten, wenn sie den Umschlag aus einem opus licitum in ein opus illicitum bewirkt: si quis rei licitae operam dans vel aliquem impune occidere volens alium occidit.

[4] Qu. XXVII, 5. [5] Qu. XXVIII, 6.

[6] Suevus, Synopsis ad qu. XXVII.

Carpzov unterscheidet, je nachdem vor oder bei der die Verletzung erzeugenden Handlung irgend welche Verschuldung vorliegt.[1] Genau drückt Böhmer den Carpzovschen Culpabegriff aus in obs. 2 ad qu. XXVII: culpa est quodvis factum illicitum, unde laesio sine dolo emergit. Homicidium ergo culposum toties comittitur, quoties quis sine animo occidendi versatur in re illicita aut illicito loco aut illicito tempore aut denique illicito modo.

1. Vor der That: indem der Thäter überhaupt res illicitas versiert und daher den Erfolg verantwortet. Zum Unterschied vom dolus indirectus darf aber hier der Erfolg nicht als möglich oder wahrscheinlich vorgestellt sein. Es ist zuzugestehen, daß Carpzov diesen Unterschied nicht immer scharf genug betont. — Wenn er mit Beziehung auf dies res illicitas versieren sagt:[2] neque ex actu illicite operantis immediate et necessario, sed solum per accidens mors sequitur, quae autem per accidens eveniunt ex opere aliquo, non imputantur agenti ad malitiam, so ist dies gewiß richtig. Will aber Carpzov mit dem per accidens sagen, daß der Kausalzusammenhang unterbrochen sei, so darf dem Thäter dann auch nicht dieses accidens zngerechnet werden, selbst nicht znr culpa, obgleich opus illicitum vorausging. Kausalzusammenhang muß natürlich stets vorhanden sein. Man hat darum richtig das „per accidens" im subjektiven Sinne, nicht im objektiven zu verstehen, d. h. in den Augen des Thäters ist das Ereignis ein accidens, er hat es sich nicht vorgestellt,[3] während er es bei Aufwendung von größerer Sorgfalt hätte in Betracht ziehen können. Hier ist die feine Grenze[4] zwischen dolus indirectus und culpa. Ist dolus das vorsätzliche Handeln mit der Vorstellung des erfahrungsmäßig eintretenden Erfolges, so ist culpa das Handeln ohne diese Vorstellung; culpa also ist ein unentwickelter dolus.[5]

2. Bei der That: indem der Thäter zwar res licitas versierte, doch nicht die nötige diligentia anwandte und somit den nicht beabsichtigten und vorhergesehenen Ausgang verschuldete.

Hier wie dort ist also im Grunde genommen culpa der Mangel an diligentia, ein schuldhaftes Nichtaufnehmen in das Wissen

---

[1] Qu. XXVII, 6. 8. [2] Qu. XXVII, 10.

[3] Qu. XXV, 55: quae autem per occidens veniunt ex opere aliquo, tanquam effectus remoti proveniunt ab illo, et agenti non imputantur.

[4] Qu. XXVII, 14: quo igitur constet, an homicidum sit culposum vel casuale, deligentissime et exactissime circumstantiae quaevis ponderandae sunt, an culpa quaedam casum praecesserit vel intervenerit.

[5] S. übrigens Böhmer, obs. 2 ad qu. I: Tametsi enim omne homicidium culposum animo indirecto committi etc.

und Vorstellen vom möglichen oder wahrscheinlichen Eintritt eines Erfolges. Dieses schuldhafte Nichtaufnehmen in die Vorstellung kann nun nach der Schwere der Schuld verschieden abgestuft sein, verschieden insbesondere auch nach der geistigen Fähigkeit des Thäters.

Carpzov stellt gleich Berlich drei Kategorien auf, und wenn diese auch als Kategorien an sich ohne Bedeutug sind — es sind die bekanntnn: culpa lata, levis, levissima — so erklärt er doch in ihnen gut einige mögliche Erscheinungsformen und somit das Wesen der culpa.

1. Culpa lata vel grandis, auch latissima:[1] d. h. nicht einsehen, was alle Welt einsieht, nicht thun, was alle thun oder doch der größte Teil, oder gerade das thun, was niemand oder doch nur wenige thun.

Sicher streift diese culpa sehr eng an den dolus indirectus, und es ist eben eine Beweisfrage, ob bei dieser geschilderten Handlung noch culpa vorliegt oder bereits dolus generalis s. indirectus angenommen werden muß: scire aut saltem scire debetur. — Auch aus dieser Definition der culpa aber geht wieder klar hervor, daß nicht allein das rem illicitam versieren oder das scire debere zum dolus indirectus genügt und somit zur Bestrafung und Zurechnung eines jeden Erfolgs, der aus opus illicitum entspringt, sondern daß in der That der Erfolg als möglicher in das Wissen aufgenommen sein muß.[2] Carpzov würde sich sonst einer unverzeihlichen Vermischung von dolus generalis und lata culpa zu schulden kommen lassen, er, der selbst sagt: lata culpa non aequiparatur dolo.[3] Wie gesagt, das scire debere bezieht sich auf die Beweisfrage.

2. Culpa levis,[4] d. i. Nachlässigkeit und Unsorgsamkeit in zweifelhaften Lagen, in denen jemand ohne genauere Untersuchung nicht wissen kann, ob Gefahr aus seinem Thun entsteht oder nicht. Es ist Unachtsamkeit und Leichtsinn in Fällen, wo man eben zu überlegen pflegt und überlegen soll.

3. Culpa levior oder levissima:[5] Wenn ein Unglück oder Übel, das aus der That folgte, auf irgend eine Weise hätte vorher-

---

[1] Qu. XXXIX, 27. 28. Berlich, concl. XXV, 1: „per summam dissolutam et supinam negligentiam. Als Gegensatz hierzu stellt Berlich den casus fortuitus, d. h. wenn man den Erfolg nicht voraussehen oder bemerken kann, concl. XXV, 53.

[2] Qu. XXV, 55. S. die bei ‚dolus‘ zit. Stellen.

[3] Qu. I, 16; XXVII, 3; XXXIX, 27; CXLII, 32. — Böhmer, obs. 1 ad qu. XXVII, No. 4. — Carolina, Art. 146.

[4] Qu. XXVII, 29. [5] Qu. XXVII, 30.

gesehen und beachtet werden können, und hätte verhindert werden müssen. Es ist das jedenfalls die Aufmerksamkeit, die am höchsten gesteigert sein muß und die nach dieser Seite eng an den casus improvisus angrenzt, wie andererseits die culpa lata an den dolus.[1]

§ 5.

Casus.

Die Dreiteilung der Behandlung des Verbrechens als eines dolos, culpos oder kasuell begangenen ist von den Italienern aufgestellt worden und auch Carpzov geläufig.[2] Beim casus, der Beurteilung der Zurechnung, erheben sich nun zwei Fragen, je nachdem man die objektive oder subjektive Seite ins Auge faßt. So steht die Untersuchung über casus in der Mitte zwischen der Darstellung der subjektiven und der objektiven Verbrechensseite, des Willens und der Handlung, und leitet über von jener zu dieser.

Der casus nach der subjektiven Seite ist der Mangel der Zurechnungsfähigkeit, einer Qualität des Willens. Die Zurechnungsfähigkeit ist die Voraussetzung überhaupt zur Entstehung eines Verbrechens nach der subjektiven Seite, gleichwie der Kausalzusammenhang zwischen Ursache und Wirkung die Voraussetzung zur Zurechnung des Geschenen zum Gewollten, zur Entstehung des Verbrechens nach der objektiven Seite bildet. Das Fehlen des einen oder des anderen macht das Verbrechen juristisch zum zufälligen. Das Wenige, was Carpzov über die Zurechenbarkeit, über den Kausalbegriff, äußert, mag gleich vorweggenommen werden.

Carpzov behandelt den Kausalitätsbegriff nirgends ex professo.[3] Doch ist selbstverständlich, daß er Kausalität zwischen Gewolltem und Eingetretenem überall voraussetzt. Besonders betont er die notwendige Kontinuität zwischen Handlung und Erfolg bei Zufügung einer Wunde. War nämlich die Wunde[4] an und für sich nicht tötlich und ist der Tod dennoch eingetreten entweder culpa medicorum oder weil sich der Verwundete nicht gehörig gepflegt hat oder ex alia causa superveniente, so soll dieser dem Thäter

[1] Qu. XXVII, 16. 17.
[2] Geib, Lehrbuch II, S. 254. Vgl. Suevus, Synopsis ad qu. XXVII.
[3] Roßhirt, Deutsch. Strafrecht I, S. 293. 296.
[4] Qu. XXVI, 1. 3. 4. — Qu. 19. 26 erklärt sich Carpzov gegen die Aufstellung von gewissen kritischen Tagen, an welchen sich die Tötlichkeit einer Verletzung entscheiden müsse. — Henke, Kriminalrecht, S. 35.

nicht zugerechnet werden. Anders dagegen bei einer schon an und für sich tötlichen Wunde. Hier wird der Thäter verantwortlich gemacht, auch wenn der Verwundete sich vernachlässigt hat: es wird also Kausalzusammenhang angenommen. Denn, sagt Carpzov,[1] die Heilung wäre im günstigsten Falle doch nur mit großer Schwierigkeit vor sich gegangen, durchaus aber nicht vorherzusehen gewesen. Wenn die Wunde tötlich oder nicht tötlich war, wird auf das Urteil Sachverständiger gestellt.[2] — Aus dieser Unterscheidung geht hervor, daß für Carpzov eine Bedingung zu einem Erfolg und die Ursache für ihn setzen nicht identisch ist. Eine Bedingung zum Tod hat der Thäter bei der Zufügung sowohl einer leichten als einer schweren Wunde gesetzt. Dort aber ergreift eine andere Bedingung „superveniens“ die gesetzte und führt ihrerseits nun den Erfolg herbei; hier dagegen bewirkt letztere ihn nicht direkt, beschleunigt ihn höchstens; eine Bedingung zum Tod bleibt sie immerhin. Den Grund der Zurechnung dieser aber im Gegensatz zum Nichtzurechnen jener sieht Carpzov darin, daß quae per accidens eveniunt non imputantur agenti, wenn das accidens als außerhalb des gewöhnlichen Laufs der Dinge liegend vom Thäter nicht in Rechnung gezogen werden muß. Bei der Zufügung einer tötlichen Wunde (d. h. einer schweren: s. dolus) ist die Heilung aber, wie gesagt, nicht vorauszusehen. Darum muß der Thäter auch die Bedingungen, die solche völlig hindern, selbst wenn nicht von ihm gesetzt, mit in Kauf nehmen.

Es ward schon erwähnt, daß sowohl alles dasjenige, was nicht durch die objektive Handlung verursacht ist, als das, was nullo prorsus dolo nullaque culpa interveniente vel praecedente committuntur, für das Recht casus ist.[3]

Es giebt also zwei Arten von casus, und Carpzov unterscheidet sie als den casus fortuitus und den casus improvisus.

Der casus fortuitus[4] ist der casus, quando non procedit aliqua causa, d. h. also, wenn die Kausalität, der objektive Kausalzusammenhang fehlt: man könnte ihn den absoluten casus nennen.

Bei dem casus improvisus liegt zwar Kausalzusammenhang mit der Handlung eines Menschen vor: — quem culpa praecedit, sagt Carpzov und nimmt hier culpa als causa in dem Sinn, wie wir sagen: er ist „Schuld“ daran, — ist aber für den Urheber improvisus,

[1] Qu XXVI, 3. [2] Qu. XXVI, 24. [3] Qu. XXVII, 11.

[4] Qu. XXVII, 50. — Auch Berlich kennt den casus fortuitus und sieht in ihm gleichfalls denjenigen casus, für den eine menschliche Handlung nicht kausal wurde, vi quadam maiori fit, und der infolgedessen auch nicht provideri aut averti potuit. Die Kategorie des casus improvisus dagegen ist Berlich fremd.

d. h. er erkennt den Zusammenhang nicht und es trifft ihn auch keine Schuld, daß er die Kausalität nicht erkannte. Man kann diesen casus den relativen nennen, denn er richtet sich nach der Individualität des verursachenden Subjekts: für einen beschränkten Menschen kann casus sein, was für einen andern culpa wäre. Der Unterschied dieses casus improvisus von der culpa ist somit ein sehr feiner[1] und flüssiger, und ob diese oder jener vorhanden ist, kann lediglich auf richterliches Ermessen gestellt werden. Darum empfiehlt auch Carpzov selbst, genau die Umstände abzuwägen, an culpa quaedam casum praecesserit vel intervenerit.[2]

Das Recht respektiert aber diesen casus improvisus und läßt ihn straflos. Der tiefere Grund ist eben auch hier: nullum delictum absque voluntate committitur.[3]

Lediglich das Wergeld ist vom Urheber zu zahlen; sonst gilt: nulla poena casu commissum punitur.[4]

Stets dann wird nun casus improvisus da sein, wenn, wie gesagt, der Kausalnexus zwischen Handlung und That nicht für den Thäter erkennbar war. Diese Unmöglichkeit der Erkenntnis kann liegen in einem dauernden oder einem vorübergehenden Zustand des Subjekts. Jeder aber bewirkt Unzurechnungsfähigkeit des Thäters.

Die Zurechnungsfähigkeit des Subjekts überhaupt beginnt erst mit dem 7. Lebensjahr.[5] Infans ex delicto non obligatur, denn es ist noch nicht doli capax.[6] Zwar können Fälle vorkommen, wo auch frühreife Kinder doli capaces sind, gleichwohl aber soll man deren Bestrafung den Eltern überlassen. Nur als Ausnahmefall führt Carpzov an, daß das Züchtigungsrecht einmal bei einem fünfjährigen Knaben der Staat übernommen habe. Auch hier aber sieht er diese Züchtigung nicht als Kriminalstrafe an: sie sei vielmehr auferlegt in odium et poenam patris non corrigentis filium potius quam ipsius infantis. Das Kind ist ihm trotz seiner nequitas nicht doli capax. Es liegt hier vielmehr zur Beschämung des Vaters eine Übernahme des diesem eigentlich zustehenden Züchtigungsrechtes seiten des Staats vor.[7]

Vom siebenten Jahre an, also bei den impuberes, soll man genau prüfen, ob bei ihnen die Zurechnungsfähigkeit, doli capacitas,

---

[1] Carolina, Art. 180, läßt diesen casus wie die leichte culpa straflos.

[2] Qu. XXVII, 14. — In diesem Sinne sagt Carpzov: Sola autem culpa discernit homicidium culposum et casuale. Vgl. Suevus, Synopsis ad qu. XVII, 7.

[3] Qu. I, 17. [4] Qu. XXVII, 50.

[5] So schon Carolina, Art. 179.

[6] Qu. CXLIII, 9. [7] CXLIII, 14.

vorhanden ist.[1] Dabei gilt weiter die Regel,[2] daß die Bosheit das Alter erfüllt, d. h. pro ratione atrocitatis delicti früher dolus anzunehmen ist. Es liegt hier die sehr richtige Erfahrung zu Grunde, daß die doli capacitas für verschiedene Verbrechen zu verschiedenen Zeiten sich entwickelt, durchaus nicht für alle gleich eintritt. So ist das Kind verhältnismäßig schon sehr früh fähig das Verbotensein gewisser Handlungen einzusehen, während andere Verbrechen erst viel später in ihrer Tragweite und ihrem Unrecht verstanden werden.

In strafrechtlicher Beziehung, in materia delictorum, ist der Eintritt der Pubertät im Gegensatz zum Civilrecht für beide Geschlechter auf denselben Zeitpunkt gesetzt, nämlich auf das vollendete 14. Lebensjahr.[3]

Dem impubes gleich wird der Taubstumme behandelt. Auch bei ihm ist besonders zu untersuchen, ob er zurechnungsfähig ist oder nicht. Findet sich, daß der mutus et surdus sensum non habet nec intellectum, so wird er wie der infans nicht aus seiner Handlung verantwortlich gemacht.[4]

Furor hebt die Zurechnungsfähigkeit auf.[5] Der Wahnsinnige hat nicht freien Willen, das erste Erfordernis der Zurechnung zum Verbrechen überhaupt. Eine solche Wirkung hat aber nur der völlige Wahnsinn.[6] — Auch die Strafe darf übrigens, um das hier vorzugreifen, an einem Wahnsinnigen nicht vollstreckt werden, selbst wenn er nicht ipso furore deliquit.[7]

Hat der betreffende Kranke lucida intervalla, so ist er natürlich für die in ihnen begangenen Handlungen verantwortlich. Doch kann auch hier eine Strafe erst nach vollständiger Heilung eintreten.[8]

Eine bloße Manie im Gegensatz zum Wahnsinn, dementes, qui omni plene intellectu non carent, befreit nicht von Strafe.[9]

Hochgradige Trunkenheit sieht Carpzov nicht als einen Grund für die Unzurechnungsfähigkeit des Thäters an.[10] „Was einer trunkener Weise sündigt, das muß er nüchtern büßen." Zwar verkennt Carpzov nicht, daß die Trunkenheit, si enormis sit, den dolus aufhebt, nicht aber nach seiner Ansicht auch die culpa. Während wir jetzt bei einer solchen jede Verantwortlichkeit verneinen, sieht Carpzov eben schon in der Trunkenheit eine Ver-

[1] Qu. CXLIII, 33. 35. — Berlich, concl. XLIV, 35.
[2] Carolina, Art. 164. — Berlich, concl. XLIV, 36.
[3] Qu. CXLIII, 26.
[4] Qu. CXLVII, 2. S. Strafmilderungsgründe.
[5] Qu. CXLV, 14. 15.
[6] S. Strafmilderungsgründe.
[7] Qu. CXLV, 22.
[8] Qu. CXLV, 33—38.
[9] Qu. CXLX, 48.
[10] Qu. CXLVI, 32 sq.

schuldung und kommt deshalb dazu, auch die Folgen der That dem Trunkenen zuzurechnen. Quia rei illicitae operam dedit, non evitendo est opportuit, nimiam illam ebrietatem, cum ignorare non deberet, aliquid mali per ebrietatem a se admissum iri, sane ob hanc ipsam culpam saltem extraordinarie punire debet.[1]

Daher bildet die Trunkenheit, auch wenn sie bis zur Bewußtlosigkeit gediehen ist, bei Carpzov doch nur ein strafmilderndes Moment.[2]

Carpzov scheint sich eben auch hierbei Berlich angeschlossen zu haben, der ebrietas gleichfalls nur als strafmildernd, nicht als die Unzurechnungsfähigkeit verursachend ansieht. Und um nur strafmildernd zu wirken ist sogar noch nothwendig, daß die ebrietas eine solche sei (non quaelibet sufficit), quae mentis et rationis exitium inducit.[3]

Auch vis absoluta hebt die Zurechnungsfähigkeit auf. Denn die Handlung entsprang dann nicht mehr dem freien Willen des Menschen. Sagt aber Carpzov selbst:[4] neque coacta voluntas proprie voluntas est und nullum delictum sine voluntate;[5] so folgt, daß die coacta voluntate vollbrachte Handlung casus für das Recht ist.

Unter den die Zurechnungsfähigkeit ausschließenden Gründen würde noch der error iuris in seiner Wirkung zu erörtern sein. Aber weder Carpzov noch Berlich erwähnen ihn, und erst Böhmer untersucht denselben.[6]

---

[1] Qu. CXLVI, 39. — S. Strafmilderungsgründe.

[2] Schon Clarus übrigens berücksichtigt die unverschuldete Trunkenheit, und später dann wieder Böhmer, obs. 1 ad qu. CXLVI: Ebrietas involuntaria, quae facto aliorum iniquo, veluti sociis sal vino immiscentibus aut potum alio modo ad inebriandum praeparantibus sine ullo delinquentis facto imputabili se exserit, delinquentem ab omni poena absolvit, quia actio ob defectum intellectus ignorata tum ob voluntatis absentiam invita est.

[3] Berlich, Concl. I, 97. 99.

[4] Qu. LXXV, 11. — Böhmer, obs. 1 ad qu. cit. — obs. 2.

[5] Qu. XVIII, 50: Coacta voluntas non est voluntas, coactus magis pati quam agere dicitur, d. i. man hat nicht die Freiheit des Handelns und Willens. Dasjenige, das vorliegt, ist ein delictum involuntarium, also im rechtlichen Sinne casus, denn I, 18: voluntas distinguit delictum a non delicto.

[6] Böhmer, obs. 6 ad qu. LXXVI. Vgl. auch Heinemann, a. a. O.; Hälschner, System des brandenb.-preuß. Strafrechts Bd. I, S. 38.

III. Handlung.

§ 6.

Factum.

Nach den von Carpzov verlangten Erfordernissen zur Entstehung eines Verbrechens ist das zweite ein in die äußere Erscheinung Treten des ersten Erfordernisses: voluntas muß factum geworden sein.[1] Carpzov erkennt zwar, daß das Verbrechen in die äußere Erscheinung treten kann sowohl als Kommisivdelikt wie als Omissivdelikt, ist sich über die Natur des letzteren aber durchaus unklar[2] und erst Böhmer lehrt, daß quoties talis omissio causa mortis immediata est, toties pari passu cum commissione et actione positiva ambulat.

Nicht verlangt Carpzov zur Objektivierung des Verbrechens ein von dessen Subjekt getrenntes Objekt. Er folgt darin der damaligen deutschen Rechtsanschauung und ihm die spätere Praxis. So hält er auch den Selbstmörder[3] für einen Verbrecher. Ausgenommen aber wird der, qui sine animo fraudulento ex furore potius melancholia vel alii animi impotentia sibi mortem conscivit, qui potius commiseratione dignus et sepeliendus est.

Sogar der Versuch des Selbstmordes wird bei Carpzov bestraft, ausgenommen wieder: si quis taedio vitae vel impatentia doloris vel ex desperatione, furore aut alia animi impatentia se ipsum vulnerasset.[4] Es ist zuzugestehen, daß diese Ausnahmen sehr weit gefaßt sind.

Die gleiche Nichtberücksichtigung des Umstands, daß das Verbrechenssubjekt vom Objekt nicht getrennt ist, zeigt sich in der Bestrafung der Selbstbefleckung. Carpzov hält sie zwar nicht, wie Geib, Lehrbuch des deutsch. Strafrechts, S. 210, meint, für eine Unterart der Sodomie,[5] hält aber doch dafür, daß sie aus Sittlichkeitsgründen pro ratione circumstantiarum et arbitrio iudicis zu bestrafen sei.[6]

Die Objektivierung des Verbrechens in der Außenwelt, die Fixierung der verbrecherischen Handlung, das factum, delictum an

---

[1] Qu. I, 18; XXIII, 35. — Geib, Lehrbuch des dtsch. Strafrechts, S. 203.

[2] Qu. XI, 29: occidere et opem denegare.

[3] Qu. II, 25—36. [4] Qu. II, 38—50.

[5] Qu. LXXVI, 11: quamvis hanc pollutionem sodomiam non sapere rectius existimet Petr. Caball. etc. . . . quare nec mollitiam nec manustuprationem poena sodomiae in art. 116. CCC. definita coercendam esse crediderim.

[6] Qu. LXXVI, 12.

sich nennt Carpzov auch, in materiellem Sinne, corpus delicti.[1] Es ist die Feststellung, daß eine bestimmte Handlung geschehen und daß sie strafbar ist.[2] Der Ausdruck corpus delicti scheint übrigens erst von den sächsischen Juristen erfunden zu sein.[3]

§ 7.

Conatus.

Der Thatbestand einer verbrecherischen Handlung kann sein consummatum, oder bloß attentatum et in actum quoque deductum, sed non plene consummatum,[4] d. h. die Handlung kann auf dem Wege des Versuchs stehen geblieben sein. Immer aber wird der Versuch als strafbar angesehen und nur bei Zumessung der Strafe das größere oder geringere Fortgeschrittensein der Handlung, die größere Nähe an der Vollendung berücksichtigt. Die Regel[5] ist nun bei Carpzov, daß der Versuch, und selbst der am weitesten fortgeschrittene, sog. conatus proximus auch hinsichtlich der crimina atrocissima mit einer mildern Strafe belegt wird, als das vollendete Verbrechen; es sei denn, daß das Gesetz das Gegenteil direkt vorschreibe oder bei delicta atrocissima der Richter inspecta facti et personarum qualitate eine gleiche Strafe wie beim vollendeten Verbrechen für gut befände.[6] Wegen dieses letztern Umstandes darf man aber noch nicht, wie Hälschner, System I, S. 178, thut, sagen, Carpzov mische den Unterschied der atrociora und leviora delicta gleich den Italienern in die Lehre vom Versuch. Die Stellen qu. II, 51—55, qu. XVII, qu. XIX, 52 sq., qu. XX, 10—12, die Hälschner für diese seine Behauptung anführt, beweisen dafür nicht das Geringste, alles aber dagegen.[7] Carpzov ist noch strenger als sein

[1] Qu. CVIII, 9. [2] Qu. XVI.

[3] Hälschner a. a. O., S. 432.

[4] Qu. XVII, 1. Vgl. Suevus, Synopsis ad qu. XVII.

[5] Qu. LXXI, 48; qu. XVII, 6. 13. 14. 15. 16; qu. LXI, 3; qu. XCI, 4. 32. — Geib a. a. O., S. 297. — Qu. XVII, 13: Sc. in omnibus et quibusvis delictis sive sint atrocissima sive non, conatus, quantumvis ad actum proximum fuerit deventum ordinaria cuiusvis delicti poena non debeat puniri. — Vgl. Berlich, concl. VI, 46 und die entgegengesetzte Regel, concl. XXIV, 21.

[6] Qu. XVII, 11. 13.

[7] Qu. II, 51: qua (sc. consuetudine) non punitur conatus seu attentatum, nisi etiam sequatur affectum, und im weitern werden nur verschiedene Ansichten über die Einteilung des Versuches referiert. — Ebenso wird in qu. XVII nur referiert, von Carpzov selbst aber, Note 13, kein Gewicht auf Unterscheidung von atrocissima und levissima delicta gelegt; im Gegenteil Note 6! — Auch nicht in qu. XIX, 52 und gar nicht qu. XX, 10—12.

Vorgänger Berlich, der allerdings bei den delictis atrocissimis sagt: in atrocissimis autem delictis conatus habet pro consumatione et punitur effectus. Im übrigen aber unterscheidet auch dieser zwischen conatus remotus oder simplex und conatus actui proximus und legt auf diese Unterscheidung das hauptsächlichste Gewicht,[1] wenn auch nicht geleugnet werden kann, daß betont wird, ob solcher conatus proximus bei einem delictum atrocissimum vorliegt oder nicht. Das kommt aber zum Teil daher, daß Berlich den Begriff des conatus remotus enger faßt als Carpzov, conatus proximus infolgedessen auch einen noch nicht bis an die Grenze der Vollendung vorgeschrittenen Versuch bezeichnet. Nach Berlichs Definition gewinnt es sogar den Anschein, als bezöge sich sein conatus remotus überhaupt auf die Vorbereitungshandlungen.[2] Berlich scheidet demnach mehr zwischen Vorbereitungshandlungen und eigentlichem Versuch: erstere werden immer milder, letztrer wird bei den atrocissimis delictis pro consumatione bestraft. Der Fortschritt der Carpzovschen Auffassung dagegen liegt klar: er bestraft Vorbereitungshandlung überhaupt nicht, sein conatus remotus ist ein Teil des wirklichen Versuchs, und er straft auch den conatus proximus bei den atrocissimis delictis in der Regel milder.

So unterscheidet denn also Carpzov zwei Grade:[3]

1. die Handlung ist ad actum proximum[4] vorgeschritten, der Thäter hat alles gethan, was er thun konnte. Hierbei ist aber wieder zu unterscheiden,

a. ob ein damnum irrecuperabile zugefügt worden ist,

b. oder ob ein damnum irrecuperabile nicht zugefügt worden ist,[5] obgleich die Handlung ebenfalls bis zum actus proximus gediehen ist und dem Thäter nichts mehr zu thun übrig blieb.

---

[1] Berlich, concl. IV, VI, 45. 47; XXIV, 21. 24.

[2] Hälschner, System I, S. 204. Unvereinbar scheint mir allerdings hiermit die concl. X, 18 aufgestellte Regel: hodie omnium locorum generali consuetudine inductum est, ut conatus etiam perfectus non puniatur, nisi effectus sequatur. In Einklang kommt dieser Satz nur dann, wenn man nisi effectus sequatur übersetzt mit: „wenn nicht eine Rechtsverletzung daraus folgen kann“. Berlich stellte dann die Regel auf, daß ein Versuch am untauglichen Objekt nicht bestraft werden kann, worauf allerdings das Concl. X, 17 angegebene Beispiel deutet.

[3] Böhmer, obs. 4 ad qu. II: Palam est, conatum multifaria praeparatione ad executionem alicuius delicti directa constare suos gradus habere.

[4] Qu. XVII, 20—21; qu. XIX, 58: actus proximus = non enim sufficit, quod actus sit simpliciter propinquus delicto, sed proximus esse debet ipsi consummationi et perfectioni delicti, ita ut sit ultimus actus, quia delinquente agendus est ad criminis perfectionem, qui quidem ultimus actus non potest verificari, nisi in offensione aut saltem in insultu.

[5] Qu. XVII, 29.

2. Der conatus ist remotus,[1] der Thäter hält selbst während der Handlung inne, führt sie nicht zu Ende, sei es von außen gehindert, sei es von Reue überwältigt.

Zu 1. zieht Carpzov die Möglichkeit in Betracht, daß später dennoch der ursprünglich beabsichtigte Erfolg eintritt. Da er den Versuch beim parricidium bespricht, so ist Todesstrafe mittelst Schwertes nicht die poena ordinaria für das parricidium, sondern Todesstrafe mittelst Rades. Carpzov will aber erstere hier angewendet wissen, er sieht also darin immer noch einen Versuch. Das ist auffallend, denn wenn der beabsichtigte Erfolg in Konsequenz der ad proximum actum vorgeschrittenen Handlung eintritt, nehmen wir nicht mehr Versuch, sondern vollendetes Verbrechen an. Eine Entscheidung des Leipziger Schöffenstuhls betrifft den Fall,[2] daß eine Frau ihr Kind, um es zu töten, in das „heimliche Gemach" geworfen hatte. Es wurde zwar lebendig wieder aufgefunden, starb aber doch infolge[3] der Handlung am 6. Tage. Der Zwischenraum von 6 Tagen zwischen Handlung und Erfolg kann jene noch nicht zum bloßen Versuch stempeln. Es hätte hier also richtiger die Strafe des Rades, und nicht die des Schwertes eintreten müssen.

Ist der Thäter aus Reue von der Vollendung der That abgestanden, tritt aber infolge der vorausgegangenen Handlung der Erfolg dennoch ein,[4] so rechnet Carpzov diesen dem Thäter nicht mehr als beabsichtigt zu, denn der Vorsatz war aufgegeben.[5] Notwendig ist aber eine thätige Reue, d. h. ein Verhindern des Fortwirkens der gesetzten Ursache.[6] Auch hier macht Carpzov wieder den Fehler, daß er, gleichwie den error in objecto, die die Vollendung der Handlung hemmende Reue unter die Gründe zählt, welche die Strafe mildern.[7] Er läßt sich dazu verleiten, weil er unter Umständen auch die Reue nach vollendetem Delikt, wie noch gezeigt werden wird, als strafmildernd ansieht.[8]

Über den Versuch mit untauglichen Mitteln und am untauglichen Objekt spricht sich Carpzov nicht aus.[9]

---

[1] Qu. XVII, 36. [2] Qu. XVII, 25.

[3] Arg.: „und damit zu ihrer Kinder Tod Ursach geben".

[4] Qu. XVIII, 22. Berlich, concl. XXIII, 1.

[5] Qu. XXXIX, 4. 6.

[6] Qu. XXXIX, 3: Si reus poeniteat crimine nondum perfecto et consummato materiamque igni concipiendo aptam inflammatamque alicubi depositam auferat antequam incendium exoriatur.

[7] Qu. XVIII, 22. [8] Hälschner, a. a. O., S. 201.

[9] § 8 a. E. Vgl. aber über Berlich § 7, S. 27, Anm. 2.

§ 8.

Concursus ad delictum.[1]

Am schwächsten in der Darstellung und unklarsten in der Begriffsentwickelung ist bei Carpzov die Teilnahme. Er stellt die denkbar weiteste Kategorie der conscii, Mitwisser, auf. Diese zerfallen[2] wieder in conscii im eigentlichen Sinne, zu denen derjenige gehört, der absque ulla participatione solum scivit delictum, und in participes delicti.[3] Particeps wieder kann sein particeps im Sinne von Mitthäter, Miturheber = principalis particeps; mandans, Anstifter, oder auxiliator, Gehilfe.[4]

I. Der conscius im engern und eigentlichen Sinn[5] (qui solam scientiam habet), wird in der Regel gar nicht bestraft: nemo reguläriter tenetur delictum revelare, imo licet tempore delicti quis sit praesens et possit iuvare et obviare et non fecit, non tenetur.[6] Conscius aber kann man sein bezüglich eines bereits begangenen oder eines noch zu begehenden Verbrechens.[7]

1. Bezüglich eines bereits begangenen.[8] Hier zeigt sich in der Regel der conscius in seinem reinen Begriff: qui solum scivit delictum, und es tritt darum keine Strafe ein. Zum delicti particeps aber wird dieser conscius dann, wenn er non solum delicti notitiam habet, sed et illud approbat. Das approbare muß freilich ein nach außen sich bethätigendes, darf nicht ein bloßes Billigen sein.[9] Es geschieht in der Regel durch „Vertuschenhelfen der That“,[10] also durch Begünstigung,[11] d. h. Vereitelung der staatlichen Strafgewalt zu Gunsten des Verbrechers. Einen solchen conscius will Carpzov pro qualitate criminis et ratione circumstantiarum zwar mit poena arbitraria und milder als den eigentlichen Thäter, aber doch gleich einem Gehilfen bestraft wissen, qui auxilium post delictum commissum praestat. (S. unten auxilium.)

2. Bezüglich eines bevorstehenden Verbrechens ist der conscius zwar ebenfalls gewöhnlich, aber nicht schlechthin von der Anzeigepflicht entbunden.

[1] Carolina, Art. 148. [2] Berlich, concl. LV, 1 squ., 29. — XI, 55.
[3] Qu. CXXXIV, 60.
[4] Berlich, concl. LVI, 2, stellt die allgemeine Regel für alle auf: omnis, quis auxilio, solatio, consilio, suppetiis, mandato vel alioquovis modo ad crimen aliquod peragendum iuvit, puniri debeat ut principalis.
[5] Qu. CXXXIV, 56; qu. XI, 44. 55: qui absque ulla participatione.
[6] Qu. XI, 49. [7] Geib, a. a. O., S. 391.
[8] Qu. CXXXIV, 56. [9] Qu. XCI, 29.
[10] Qu. CXXXIV, 60. 62.
[11] Qu. CXXXIV, 37. 40. 43.

a. Bei delicta atrocissima, wie crimen laesae majestatis, parricidii etc. ist der conscius zur Anzeige verpflichtet, widrigenfalls er mit poena arbitraria bestraft wird. Der Grund ist bei Carpzov derselbe, aus dem in vereinzelten Fällen auch wir eine Denunziationspflicht in unserm Strafgesetzbuch ausgesprochen finden: nämlich bei solchen Verbrechen, quae publice ob sui enormitatem coerceri maximopere rei publicae interest.[1]

b. Weiter sind verpflichtet zur Anzeige Personen, quae delicti adhuc perpetrandi scientiam aliquam habent, illudque impedire cum possent non faciunt.[2] Verpflichtetes Subjekt ist vornehmlich der, welcher in einem gewissen Schützer- und Pietätsverhältnis gegenüber dem Opfer des Verbrechens steht.[3] Seine Haftung folgt aus diesem Verhältnis, nicht aus der Thatsache des Mitwissens allein. Und dazu kommt noch als ein weiteres Erfordernis das quovis modo obviare posse. Aus diesen beiden Momenten ist aber ersichtlich, daß der letzte Grund der Zurechnung, der nur Carpzov nicht zum vollen und klaren Bewußtsein gekommen ist, den er aber sehr richtig ahnt, in diesem Falle gewöhnlich das Vorhandensein eines Omissivdeliktes sein wird.[4] Die Nichtanzeige eines solchen Subjekts vernichtet eine durch dessen Kenntnisnahme entstandene, das Verbrechen hindernde, also für dasselbe negative Bedingung. Nur für diesen Fall will Carpzov eine Anzeigepflicht, und somit bei der Untersuchung der Anzeige eine Zurechnung des Verbrechens statuieren. Es ist klar, daß diese Anzeigepflicht unter b. auf einem ganz anderen Grunde ruht als die unter a.

II. Der particeps, Teilnehmer, kann zuvörderst sein:

1. Miturheber, als solcher von den italienischen Juristen auch principalis[5] genannt.

Carpzov charakterisiert gut die Mitthäterschaft:[6] quando conspiratione facta destinata voluntate destinatoque animo occidendi plurese conveniunt et sibi mutuam opem auxiliumve praestantes aliquem occidunt. Das Wesentliche ist also einmal gegenseitige Hilfsleistung bei bewußtem gemeinsamen Handeln und dann selbständiger Thäterwille; jeder will z. B. töten: omnes quotquot aliquem occidendi animo aggrediuntur, causam mortis praebent, occidendi animum habent.[7] Dann braucht nur eine tötliche Wunde beigebracht

[1] Qu. CXXXIV, 66. [2] Qu. CXXXIV, 63.

[3] Qu. XI, 50: Bemerkenswert ist die weite Ausdehnung dieser Haftpflicht auch auf die Geschwister.

[4] Qu. CXXXIV, 63. [5] Hälschner, a. a. O., S. 304.

[6] Qu. XXV, 11. — Berlich, concl. XI, 4: plures dolo malo convenerunt et consilium turbae seditionisque faciendae inierunt. Vgl. Suevus, Synopsis ad qu. XXV. [7] Qu. XXV, 13. 18.

zu sein, und es ist gleichgiltig, ob man den Urheber gerade dieser kennt oder nicht, denn auf die Größe des Anteils kommt es nicht an. Der gemeinsame Thäterwille läßt alle gleich haften:[1] idemque est, ac si omnes mortem intulissent. Omnes, quotquot sunt, occidendi animo mortis causam dederunt sibi invicem opem auxiliumve praestantes.[2]

2. Ganz anders liegt der Fall, wenn ein gemeinsamer Thäterwille nicht vorhanden ist, wenn jeder, indem er seinen Thäterwillen ausführt, nicht auch zugleich den Willen eines andern realisieren will, wenn vielmehr nur äußerlich eine gemeinsame That vorliegt, nur die objektive Seite, nicht auch die subjektive, die Willensseite, der Mitthäterschaft vorhanden ist: sog. zufällige Mitthäterschaft.

In den Beispielen, die Carpzov anführt, erwähnt er nicht ausdrücklich die Willensseite, vor allem operiert er nicht mit dem dolus indirectus insofern, als er den Einfluß, den das bloße Bewußtsein hat, zugleich mit andern denselben Erfolg herbeiführen zu wollen, nicht untersucht und nicht ausspricht, ob hier nicht schon echte Mitthäterschaft auch nach der snbjektiven Seite hin vorhanden sei. Jedenfalls aber haftet der Thäter nicht weiter als sein dolus reicht. Ist deshalb z. B. die Vereinigung als Mitthäter nur zum Schlagen erfolgt, es liegt aber bei einigen Exzeß vor und es wird dadurch der Angegriffene getötet, so haften diejenigen, deren dolus nicht weiter als bis zum Schlagen reichte, auch nicht wegen der geschehenen Tötung.[3]

Ist also ein Wille, gemeinsam zu handeln, nicht vorhanden und wird nur in rixa subito contingenti zur selben Zeit gehandelt[4] und dabei ein Mensch getötet, so ist bei Bestrafung dieser Teilnehmer, d. h. bei der Frage nach der Zurechnung, verschiedenes zu beachten. Farinacius ist der Meinung, daß bei zufälliger Mitthäterschaft, bei einer Tötung in rixa, jeder nach seiner Thätigkeit, ohne Rücksicht auf die andern, zu bestrafen sei. Dieselbe Ansicht spricht die Carolina, Art. 148, für den Fall aus, daß es sich beweisen läßt, wer der Hauptturheber ist, sonst aber will sie alle gleich als Thäter bestraft wissen. Die Frage ist also von ihr rein äußerlich nach der Möglichkeit oder Unmöglichkeit des Beweises entschieden.[5]

Carpzov unterscheidet:

a. Keine Schwierigkeit bietet der Fall, wenn in einem entstandenen

---

[1] Qu. XXV, 17.

[2] Qu. XC, 36: quin et delicto a pluribus commisso omnes et singuli solidum sunt obligati ad poenam; nec unius solutio alteri prodest: Hierin vor allem liegt, daß jedem selbständig der volle Erfolg zugerechnet wird.

[3] Berlich, concl. XI, 48—52. [4] Qu. XXV, 19.

[5] Berlich, concl. IV, XI, 35. — Böhmer, obss. ad qu. XXV.

Streit jemand getötet ist und man denjenigen, der allein die tötliche Wunde zugefügt hat, kennt. Is solus, qui mortiferum inflixit vulnus, tenetur de homicidio, vorausgesezt natürlich, daß er wenigstens dolo indirecto gehandelt hat.[1]

b. Größere Schwierigkeit dagegen tritt auf, wenn mehrere nachgewiesenermaßen mehrere tötliche Wunden zugleich zugefügt haben, wer aber zuerst tötlich verwundete, sich nicht ermitteln läßt.[2] Carpzov selbst sagt, hierüber sei viel Streit und führt verschiedener Juristen begründete Meinung an. Er nimmt durchaus nicht Anstoß an den Bestimmungen der Carolina, Art. 148,[3] hält die dort ausgesprochene Meinung vielmehr für die verior opinio.[4] Er unterscheidet aber hier wieder dahin, ob der vulneratus post aliquot tempus moriatur oder in ipso momento (rixae) perierit.[5]

α. Im erstern Fall, wenn nur feststeht, daß jede Wunde eine mortifera war, werden alle gleich als Thäter bestraft. Quamvis enim non omnes simul, sed unus primum, reliqui vero postea vulneraverint — d. h. zwar simul, aber nicht uno momento —, attamen quia omnes mortifera vulnera, ex quibus singulis postea animam exhalare opportuit, inflixerunt, ideoque etiam revera omnes et singuli occidisse dicuntur adeoque et poena homicidii tenebuntur.[6]

β. Stirbt dagegen der Angegriffene in demselben Moment, in dem er die Wunde empfängt,[7] in rixa aber sind ihm mehrere Wunden zugefügt worden, neque constat, aut certo constare potest, quisquam primum vulnus ex quo vulneratus obiit, indixit, certe quia reliqui non hominem, sed cadaver vulnerarunt, neutrum poena ordinaria afficiendum esse facillime concesserim.

Der Unterschied läuft also schließlich hinaus auf die Frage nach dem tauglichen und untauglichen Objekt. — Ist der Angegriffene nicht in rixa gefallen, so steht fest, daß er für jeden, der eine tötliche Wunde zufügte, ein taugliches Objekt noch war: denn auch der zum Tod Verwundete kann noch ermordet werden: ideoque etiam revera omnes et singuli occidisse dicuntur — omnes causam mortis praebuerunt.[8] Ist dagegen der Angegriffene in rixa und sofort tötlich getroffen gestorben, so haben einige sicher non hominem, sed cadaver verwundet, folglich sind sie nicht Urheber des Todes geworden. Der Urheber selbst aber ist nicht bekannt, es kann also die poena ordinaria nicht stattfinden.[9]

---

[1] Qu. XXV, 19. arg. 23. Berlich, concl. XI, 2. [2] Qu. XXV, 24.
[3] Anders Hälschner, a. a. O., S. 380 l. c. Besonders nicht in der von ihm angezogenen Stelle qu. XXV, 25 (Equidem?).
[4] Qu. XXV, 28. [5] Qu. XXV, 32. [6] Qu. XXV, 29.
[7] Qu. XXV, 32. Ebenso Berlich, concl. XI, 35.
[8] Qu. XXV, 29. [9] Qu. XXV, 32.

c. Letztres ist auch für den Fall, daß zwar mehrere in rixa jemanden verwundet haben, jedoch nur eine tötliche Wunde beigebracht und deren Urheber unbekannt ist,[1] der Grund, daß dann niemand mit poena ordinaria gestraft wird. Melius est, nocentem impunitum relinquere, quam innocentem condemnare.[2]

d. Dieselbe Entscheidung giebt Carpzov dann, wenn in rixa mehrere einen verwundet haben, und zwar jede einzelne Wunde für sich nicht tötlich war, alle zusammen aber in ihrer Wirkung den Tod herbeigeführt haben.[3] Quia enim neuter lethale vulnus inflixit, utique non magis ac casu priori ordinaria poena irrogari poterit.[4] Carpzov weist die Meinung ausdrücklich zurück, quod nempe certum sit, omnes percussores occidisse quia omnes percutiendo mortem occisso intulerint. Es sei eben nicht sicher, daß alle getötet haben, z. B. siquidem duorum forte percussio mortem attulerat, cum tertius et quartus manum postea intulit etc.[5]

e. Schließlich wirft Carpzov noch die Frage auf, ob man nicht in Ermangelung der Kenntnis des wahren Thäters dem auctor rixae den erfolgten Tod zurechnen könne.[6] Er verneint aber, daß dies zulässig sei, und zwar aus dem richtigen Gesichtspunkt, daß mortis causam praebere und illicitum opus dare nicht genüge. Diese Stelle wiederum ist in hohem Maße beweisend gegen diejenigen, welche behaupten, Carpzov lasse aus dem opus illicitum schlechthin haften.[7] Neque obstat, sagt Carpzov zwar,[8] quod autor rixae mortis causam

---

[1] Qu. XXV, 33. Berlich, Concl. XI, 5. 7. 29: quod autem omnes arbitrarie extra ordinem sint puniendi, facit, quod omnes in culpa fuerint et rei illicitae dederint. Ist dagegen der Urheber der tötlichen Wunde bekannt, wird dieser mit poena ordinaria belegt, der Urheber einer nicht tötlichen Wunde nur mit poena extraordinaria, nisi ex genere armorum et qualitate facti constet, etiam secundi non lethaliter percutientes habuisse animum occidendi. Man wird dies wohl so auslegen müssen, als sei aus der qualitas armorum nach Berlichs Ansicht hier auf einen Mitthäterwillen zu schließen und deshalb Zurechnung der tötlichen Wunde auch für den sie nicht Verursachenden anzunehmen. — Es mag hierbei noch bemerkt werden, daß Berlich zwei Arten tötlicher Wunden unterscheidet: 1. vulnus, quod per se mortiferum est, ope tamen curaque medicorum sanari potest, und 2. vulnus, quod nullo modo a medicis curari potest, sed ex quo certum est, vulneratum vita excessurum. Auf Grund dieser Unterscheidung kommt Berlich zu dem Satz, daß, wenn jemand getötet wird, nachdem er von einem andern eine Wunde sub 1. empfangen hat, derjenige, der diese Wunde sub 1. zugefügt hat, poena ordinaria nicht erleiden soll, conclus. XI, 47.

[2] Qu. XXV, 35. Berlich, concl. XI, 7.

[3] Qu. XXV, 41. Berlich, concl. XI, 30.

[4] Qu. XXV, 43.

[5] Qu. XXV, 44.

[6] Qu. XXV, 50.

[7] Siehe die bei dolus zit. Stellen.

[8] Qu. XXV, 55.

praebeat: nil vero interest, an quis ipsemet occidat, an mortis causam praebeat et dans operam rei illicitae tenetur de omni eo, quod sequitur praeter illius intentionem et voluntatem; jene causa aber müsse eine propinqua sein: velut, si quis non animo occidendi vulnus lethale infligat, ex quo immediate mors sequitur . . poena ordinaria tenetur, ac si animum occidendi habuisset Wer aber remotam causam praebet, hafte nicht. Der autor rixae sei eben nicht occissor, sagt Carpzov. Quid enim, si alius rixam incepisset, alius vero aliquem in rixa occidisset? In hoc itaque dubio autor rixae potius mitiori poena extraordinaria plectendus, quam ex nudis coniecturis et praesumtionibus ad mortem condemnandus est.[1]

III. Auxiliator. Ungenügend und nicht klar von der Miturheberschaft geschieden ist die Behandlung der Beihilfe, auf die Carpzov hauptsächlich beim Diebstahl eingeht. Systematisch teilt Carpzov ein in auxilium ante delictum, in ipso delicto, actu, und post delictum commissum.[2]

Was letztres anlangt, folgt er, wie es scheint, mehr der hergebrachten Methode, denn er sagt selbst: neque enim opem praestans post commissum delictum proprie auxilium praebere aut furtum promovere dicitur.[3] Und auch die materielle Scheidung geschieht nicht nach diesem äußerlichen Gesichtspunkt, sondern darnach, ob eine Beihilfe causam immediatam delicto praestat[4] oder nicht, ob der Thäter opem actui proximam, sine qua furtum vel omnino non, vel non tam facile possit committi, dat. Darauf also wird abgestellt bei Bemessung der Strafe der Beihilfe, ob der Thäter das Verbrechen ohne jene Beihilfe begehen konnte, oder nicht.[5] Carpzov meint, der Gehilfe kann entweder nur eine fördernde Bedingung setzen, oder auch selbst gleichsam Urheber der That werden. Dort wird er milder als der eigentliche Thäter, hier konsequenter Weise gleich jenem bestraft.[6] In dieser Verquickung mit dem Urheber liegt aber die begriffliche Schwäche von Carpzovs Beihilfe. Denn Carpzovs notwendige Beihilfe, die causa immediata setzt, ist im Grunde genommen weiter nichts, als Mitthäterschaft. Im übrigen ist aber der accessorische Charakter der Beihilfe namentlich auch von Berlich nicht ganz verkannt worden, vgl. concl. XXIV, 26:

[1] Qu. XXV, 53. Ebenso Berlich, der jedoch den autor rixae zwar nicht mit poena ordinaria, aber doch mit einer geschärften Strafe belegt wissen will.
[2] Qu. LXXXVII, 11. 29. 36. Berlich, concl. LV, 1.
[3] Qu. LXXXVII, 37. 38. 40. arg. 31.
[4] Qu. LXXXVII, 14. 11—21. 16 fin. 17.
[5] Geib a. a. C. II, S. 339: notwendige und zufällige Gehilfschaft.
[6] Qu. LXXXVII, 31.

auxiliator delicto non secuto poena ordinario non afficiendus. Das allgemeine Erfordernis der Beihilfe nach der Willensseite ist dolus, d. h. der Thäter muß wissen, daß er jemand bei einer verbotenen That Hilfe leistet.[1] Nec enim sufficit ignorantes opem ferri delicto, sed dolus ac scientia magnopere requiritur, quae socium et consortem criminis facit. Jenes ist „zufällige“ Beihilfe und natürlich straflos. Anderseits darf der Thäter nicht den Willen haben, selbst die That zu vollbringen, principalis zu sein. Hat er also z. B. den animus furandi bei der Hilfsleistung, so tritt poena ordinaria ein. Carpzov behandelt einen solchen auch durchaus als Mitthäter,[2] subsumiert ihn aber eben infolge seiner ungenügenden Unterscheidung von Gehilfschaft und Mitthäterschaft und Aufstellung der Kategorie der notwendigen Gehilfschaft unter die Gehilfen.

Nach der Thatseite kann die Beihilfe durch Rat und durch That geleistet werden oder durch beides zugleich. Man kann auxilium reale, manu datum gewähren, es genügen aber auch sola indicia et demonstrationes, consilium.[3] Hier vornehmlich wird der Unterschied maßgebend, ob ante delictum oder in actu selbst die Beihilfe geschah: immer aber von dem höhern Gesichtspunkt aus beurteilt, ob dadurch immediata causa gesetzt wird.

1. In ipso actu[4] Beihilfe leisten, ist nach Carpzov so gut als Mitthäter sein. Nam qui opem et auxilium praestat facienti furtum in ipso furandi actu aeque ac ipse principalis fur dicendus est.[5] Die Erfordernisse vollends, die er Note 33 aufstellt, zeigen, daß in der That wahre Mitthäterschaft vorliegt.

2. Ante delictum. Hier ist die allgemeine Regel aufzustellen, daß, wenn die Beihilfe nicht causam immediatem dat, eine mildere Strafe eintritt, als beim Thäter.[6] Carpzov führt einzelne Fälle an, wo dennoch, obgleich ante delictum, causa immediata datur. Es sind dies alles entweder reine Mitthäterfälle, oder Komplott.

Auf auxilium post delictum näher einzugehen, lohnt sich nicht, denn diese sogenannte Beihilfe ist entweder eine Begünstigung (um den Verbrecher der Strafe zu entziehen), oder Teilnahme am Genuß

[1] Qu. LXXXVII, 3. 7. 12. [2] Qu. LXXXVII, 7. 8. 16.

[3] Qu. LXXXVII, 2. 3. 6. 15.

[4] Qu. LXXXVII, 29. Berlich, concl. LV, 23. 27.

[5] Qu. LXXXVII, 81. In Anlehnung an die Bestimmungen bei der Anstiftung läßt Berlich, concl. LV, 31—33, eine mildere Strafe eintreten, wenn auch ohne Beihilfe das Verbrechen begangen worden wäre.

[6] Qu. LXXXVII, 21: Licet quis furi auxilium praebeat, si tamen hoc non fiat per actum proximum nec per id causa immediata detur furto, poena saependii haud obtinebit, sed auxiliator poena arbitraria plectendus est.

des durch das Verbrechen Erreichten (Hehlerei), oder Begünstigung im weitern Sinne.

IV. Mandatum. Ausführlicher behandelt Carpzov die Anstiftung, er widmet ihr sogar einen besonderen Abschnitt. Freilich hatte er hier auch genügendes Material, denn bereits die italienischen Kriminalisten gehen genauer auf die Urheberschaft ein,[1] und ihnen schließen sich Carpzov und Berlich an. Jedoch tritt bei Carpzov das Wesen der intellektuellen Urheberschaft bei weitem schärfer hervor, und so wenig er Mitthäterschaft und Beihilfe zu scheiden vermag, so scharf trennt er im Gegensatz zu den Italienern Anstiftung und Beihilfe durch Rat.

Der Hauptsatz, den Carpzov aufstellt, ist: der Anstifter, mandans, und Angestiftete, mandatarius, sind correlata.[2] Es giebt keinen Anstifter, wenn es keinen angestifteten Thäter giebt. Ist aber die Anstiftung von Erfolg gewesen, so ist auch mandantis delictum et mandatarii fere unum et idem.[3] Hieraus folgt, daß Carpzov die Anstiftung nicht als solche, als delictum sui generis, bestraft wissen will, sondern weil sie intellektuelle Urheberschaft des Delikts wird. Quod quis per alium facit, ipsemet facere censetur, und: nihil interest, an ipse occidat an vero causam (sc. immediatam) mortis praebeat dolo malo.[4] Vor allem beweisend ist aber, daß Carpzov direkt sagt: mandans tenetur propter mandatum ex ipso delicto, non tamen principaliter ex mandato.[5] Schärfer kann die Urheberqualität des Mandanten wohl kaum charakterisiert werden.[6]

Die Anstiftung hat nun nach Carpzov vornehmlich zwei Seiten. Der mandans will einmal Urheber des Verbrechens werden, ist also im weitern Sinne Thäter. In der Willensseite stimmen intellektueller und physischer Urheber überein.

Der mandans will aber weiterhin zwar Ursache für das Verbrechen werden, doch dasselbe nicht selbst begehen, sondern durch einen andern begehen lassen, durch jenen die Ursache für die Entstehung eines Verbrechens setzen.[7]

[1] Hälschner, a. a. O. I, S. 342.
[2] Qu. IV, 4; qu. XCI, 21; qu. XXXVII, 46. [3] Qu. IV, 5.
[4] Qu. IV, 1. 10: qu. XCI, 22. [5] Qu. IV, 18.
[6] Gleich den Italienern begründet Carpzov u. a. auch diesen Satz zivilrechtlich: XXXVIII, 53.
[7] Carpzov erwähnt bei dieser Gelegenheit den Unterschied des consilium bei Anstiftung und Gehilfschaft, denn bei der Anstiftung werde das Verbrechen existent in gratiam mandantis, derjenige aber, der lediglich ein consilium erteile, wolle das Verbrechen in aliena gratia. Der Unterschied des dolus von Gehilfe und Anstifter ist hier gut auseinander gehalten.

Auch der mandatarius ist also causa delicti, denn er ist physischer Urheber, als solcher sogar proximior effectui, aber dennoch causa secunda delicti.[1]

Aus all diesem folgt, daß der Anstifter gleich dem Thäter zu bestrafen ist. Ja, Carpzov meint, eigentlich müßte er sogar noch härter bestraft werden, denn ihn trifft eine größere sittliche Schuld als den Thäter, er verführt diesen noch. Carpzov sagt geradezu: mandans plus delinquit, quam mandatarius.[2] Mit Beziehung auf die That ist er Urheber, außerdem aber noch strafwürdig gegen den mandatarius: mandans delinquit in mandatarium, quem corrumpit.[3]

Nach Carpzov muß also das Verbrechen ganz seine Ursache im Anstifter haben, ganz die Ausführung der Anstiftung sein, denn mandans non ex contractu, sed ex subsecuto delicto obligatur.[4] Der Anstifter wird nur dann als Thäter bestraft, wenn die That, zu der angestiftet ward, auch ad effectum aut saltem ad actum proximum vorgeschritten war. Daß unter Umständen die Anstiftung, mandatum, conductio, zum selbständigen Delikt erhoben und als solches strafbar werden kann, gleichwie in unserm deutschen Strafgesetzbuch (§ 110 ff.), unterliegt keinem Zweifel, beweist aber noch nicht, daß überhaupt die Anstiftung an sich schon strafbar sei.[5] Die Strafe ist dann übrigens auch eine mildere.[6]

Wie nun, wenn derjenige, den man anstiften will, bereits zur That entschlossen war, also nicht der Anstifter zu ihr die Ursache setzt, sondern der Thäter sua voluntate et causa das Verbrechen begeht?[7] Carpzov unterscheidet hier zwei Fälle: Entweder der mandans weiß oder glaubt sicher, daß der andere auch ohne Anstiftung töten werde, oder er kennt den Entschluß jenes nicht oder glaubt nicht, daß er bereits fest entschlossen ist.[8]

Im erstern Fall will Carpzov, daß der Anstifter die poena ordinaria nicht erleide.

Im zweiten Fall dagegen sagt er ausdrücklich, es sei Anstiftung vorhanden. Der Anstiftungsdolus ohne Zweifel; denn der Anstifter glaubt ja eben nicht, wie im ersten Fall, daß auch ohne ihn das Verbrechen begangen werde, und Carpzov bestreitet ausdrücklich,

---

1 Qu. IV, 12.
2 Qu. IV, 12; qu. L, 35; qu. XCI, 23. — Hälschner, System I, S. 365.
3 Qu. XXXVIII, 54: triplici modo delinquere videtur etc.
4 Qu. IV, 24. 5 Qu. XIX, 56. Hälschner, a. a. O. I, S. 342. 358.
6 Qu. XXXVIII, 51.
7 Qu. IV, 27. 8 Qu. IV, 29.

daß jenes mandatum in ein consilium übergehe. Dieses werde gegeben in aliena gratia (Anm. 7, S. 36), hier aber wisse ja der mandans gar nicht, daß der mandatarius töten wolle, könne also auch nicht dazu durch Rat helfen, sondern nur durch Rat anstiften wollen. Es gilt darum hier: indifferenter mandans tenebitur poena ordinaria.

Demnach ist klar, daß Carpzov auch einen bereits zur That Entschlossenen stets als taugliches Objekt für die Anstiftung ansieht, daß bei Carpzov mandatum = intellektuelle Urheberschaft ist, deren Wesen gesehen wird in erster Linie nicht in Erregung des Urheberwillens im Mandatar, sondern in der Ursache setzen fürs Verbrechen. Für eine gewollte That kann aber auch ein bereits Entschlossener als Ursache von einem andern gesetzt werden. Auch im zweiten Fall ist ja der Angestiftete bereits entschlossen, und dennoch tritt für den mandans die poena ordinaria ein, dennoch sagt Carpzov ausdrücklich, es sei mandatum vorhanden.

Läßt Carpzov im erstern Fall den Anstifter milder bestrafen, so kann das nicht deswegen geschehen, weil er einen bereits Entschlossenen als untaugliches Objekt für die Anstiftung ansieht — denn das Objekt ist das gleiche im ersten und zweiten Fall —, sondern der Grund kann nur in dem verschiedenen dolus beider liegen. Weiß nämlich der Anstifter, daß der andre auch ohne ihn zur That entschlossen ist, so geht der dolus nicht auch darauf, mandatarium corrumpere, seine Schuld ist also eine geringere.

Aus der von Carpzov ausgesprochenen Korrelation des mandans und des mandatarius folgt aber weiter, daß der Anstifter auch nur dann für die That des Angestifteten haftet, wenn beider Urheberwille nach seinem ganzen Umfang identisch ist. Das Deliktum muß in der That unum et idem sein. Repräsentiert der mandans vornehmlich die Willens-, der mandatarius in seiner Ausführung vornehmlich die Thatseite, so wird eine volle Zurechnung zur Schuld auch hier nur stattfinden dürfen, wenn dolus und factum sich decken, d. h. wenn innerhalb des mandatum gehandelt ist. Dies ist aber nicht der Fall beim excessus mandati.

Bei der Beantwortung der Frage nach der Zurechnung des Exzesses des Thäters für den mandans tritt wieder die Bedeutung des Carpzovschen dolus indirectus hervor.[1]

Es kommt nämlich darauf an, ob der mandans bei seiner Anstiftung auf einen möglicher oder wahrscheinlicher Weise eintretenden

[1] So auch Geib, Lehrbuch des deutschen Strafrechts II, S. 342. 353; Hälschner, a. a. O. I, S. 354. Böhmer, obs. 1 ad qu. IV.

Exzeß rechnete, ihn in seine Vorstellung aufnahm. Dann wird ihm auch der Exzeß zugerechnet. Brauchte er aber nicht mit ihm zu rechnen, so gilt, jedoch nur dann: mandans non tenetur, si mandatarius fines excessit, quando mandatum fuit quid fieri, ex quo verisimiliter et regulariter non solet sequi mors.[1] Lag es also in der Gewalt des Angestifteten, nicht zu exzedieren, so lag es auch außerhalb der Berechnung des Anstifters; er konnte den Exzeß nicht voraussehen, haftet darum nicht wegen des Todes. Diese Haftung aber tritt dann sofort bei dem Exzeß des Mandatars ein, wenn der mandans in culpa war, d. h. res illicitas versierte, zu einer verbotenen Handlung angestiftet hatte und wußte, daß diese leicht noch schlimmere Folgen haben konnte.[2] Darum will Carpzov, daß jemand, der einen andern zum Verwunden mit gefährlichen Werkzeugen anstiftet, z. B. ein mandatum erteilt de vulnerando cum ense seu se exonerando archibusium in aliquem, stets haften soll,[3] da man hier den Ausgang am allerwenigsten genau determinieren könne. — Aus der Korrelation von mandans und mandatarius folgert Carpzov weiter, daß, wie das Verbrechen nur zugerechnet werden soll dem Anstifter, wenn es wirklich geschehen, so dieser auch nur dann bestraft werden soll, wenn der physische Urheber gestraft wird, und umgekehrt, wenn dieser frei von Strafe ausgeht, auch jener nicht bestraft wird.[4] Das geht schon aus dem Satz hervor: mandans tenetur ex ipso delicto, non tamen principaliter ex mandato.[5] Dieser Satz aber beweist, daß Carpzov mit dieser allgemeinen Regel nur diejenigen Fälle meint, wo der mandatarius aus Gründen des mangelnden Thatbestands frei ausgeht, wo seine That nicht ein delictum ist. Dagegen erkennt er selbst an, daß dieser Satz Ausnahmen zuläßt apparente ratione diversitatis in correlatis.[6] Er erwähnt diese nicht weiter, scheint aber diejenigen Strafaufhebungsgründe, die nur in der Person des mandatarius liegen, zu meinen.

[1] Qu. IV, 17.

[2] Qu. I, 33. Siehe jedoch das früher über res illicitas versare Gesagte.

[3] Qu. IV, 19. Suevus, Synopsis ad qu. IV.

[4] Qu. XCI, 21: Igitur secundum naturam correlatorum liberato mandatario a poena mortis liber quoque erit ipse mandans; quod namque de uno ex correlatis statuitur, idem et de altero constitutum esse credendum est.

[5] Qu. XCI, 24. [6] Qu. XCI, 22.

§ 9.

Notwehr.

Obgleich factum und voluntas vorliegt, entsteht dennoch ein Delikt nicht, wenn die Rechtswidrigkeit beider nicht vorhanden ist. Solche Gründe, welche den Begriff des Verbrechens aufheben, sind Notwehr und Notstand. Über die Einwilligung seitens des Verletzten[1] läßt sich Carpzov nicht aus, und auch Böhmer geht nicht tiefer auf sie ein, läßt sie aber als Strafmilderungsgrund gelten.[2]

Dagegen behandelt Carpzov die Notwehr sehr ausführlich und fast allzu kasuistisch. Er schließt sich im großen und ganzen an Berlich an, der auf Farinacius und Damhouder gestützt, zuerst die Lehre von der Notwehr ausführlicher behandelt.[3] Es läuft alles aus auf das homicidium necessarium, als die größte Machtbefugnis, die aus der Notwehr gegeben wird.[4]

In Notwehr begangen ist aber die Tötung, welche geschieht, nicht dolos, sondern gezwungen, zur Verteidigung des Lebens, Leibes, der Ehre und des Vermögens. Die Verteidigung muß sein eine iusta et legitima: das ists, was die Doktoren das moderamen inculpatae tutelae servatum nennen. Es darf nicht nur eine defensio, eine Abwehr an sich, vorliegen, die betr. Handlung darf nicht nur geschehen, um einen Angriff zurückzuweisen, sondern sie muß auch eine untadelhafte sein, sie darf nicht schuldhafter Weise zu weit gehen. Durch diese Unterscheidung erklärt sich die Systematik: distinguendum est inter moderamen defensionis et moderamen inculpatae tutelae.[5]

Wird beides beachtet, tritt völlige Straflosigkeit ein, wird nur das letztre außer Acht gelassen, das erstre aber gewahrt, so tritt wenigstens noch eine mildere Strafe ein. So kann, meint Carpzov,

---

[1] Die transactio in qu. CXLVIII behandelt den Vergleich mit dem Verletzten nach geschehener That.

[2] Böhmer ad qu. XXVII, obs. 2; ad qu. CXLVIII, obs. 1.

[3] Hälschner, a. a. O. I, S. 248. 249. 250. 251. — Berlich, concl. IV, 12. 13. Berlich betrachtet die Notwehr vornehmlich unter dem Gesichtspunkte der Selbsterhaltung: non propter audaciam insultantis, sed propter periculum vitae se defendendo alium occidere permittitur. Und so ist ihm die Selbstverteidigung nicht nur ein Recht, sondern eine Pflicht, und er will den, der sich töten läßt nulla iusta subsistente causa gleich einem Selbstmörder bestraft wissen, conclus. XII, 13.

[4] Qu. XXVIII, 1; qu. XVIII, 5.

[5] Qu. XXVIII, 16. 17.

jemand, der angegriffen ist, zwar innerhalb der Notwehr sich bewegen und dennoch nicht das Maß der rechten, untadelhaften Abwehr wahren: z. B. wenn einer, sich verteidigend, tötete, während es in seiner Hand lag, nicht zu töten, oder wenn einer eine tötliche Wunde zufügte, wo durch einen leichten Schlag der Angriff zurückgewiesen worden wäre. Hier hat derselbe sicherlich das Maß der inculpata defensio überschritten, die defensio jedoch an sich noch nicht, sagt Carpzov, quia repellendo occidit.

Das Beispiel, das Carpzov anführt, zeigt zugleich, wie gekünstelt die ganze Distinktion ist. Und wenn auch der Ausdruck inculpatae tutelae moderamen von Dioclatian und Maximinian[1] bereits gebraucht wird und die Carolina von einer „rechten Notwehr"[2] spricht, so soll das überhaupt nur den Begriff der Notwehr charakterisieren, nicht einen Unterschied statuieren zwischen Notwehr als solcher und Notwehr, die gerecht, maßvoll ist. Es giebt nur eine Notwehr, und Exzeß der Notwehr, mag er nun excessus moderaminis inculpatae tutelae oder reiner excessus defensionis sein, ist eben nicht mehr Notwehr.

Der Unterscheidung liegt aber ein richtiger Gedanke zu Grunde,[3] nämlich der, daß nicht der ganze Verlauf der Handlung, sondern nur gleichsam ein Teil derselben innerhalb des Rahmens der Notwehr fallen kann; dieser nun wird von der Handlung eliminiert, dies Stück wird vom Recht mit Strafe nicht belegt, der darüber hinausragende aber fällt wieder unter die Strafbestimmung. Weil nun die Strafdrohung den Endpunkt der Handlung, den Erfolg ins Auge faßt, bestraft aber die ganze Thätigkeit wird, so muß notwendig hier, wo der erste Teil der Handlung von Strafe frei ist, die Strafe, die nur für den übrigen Teil noch gedroht ist, gemildert werden. Das ists, was der Ausführung Carpzovs zu Grunde liegt, wenn er sagt, daß bei Wahrung der defensio an sich, wenn nur excessus moderaminis inculpatae tutelae vorliegt, Strafmilderung eintreten soll.

Nach Carpzov liegt nun moderamen inculpatae tutelae dann vor,[4] wenn jemand nicht anders sich gegen einen rechtswidrigen Angriff (adversus vim ac iniuriam, quae infertur vel imminet) schützen kann, nicht anders dem Tod oder der Gefahr sonst eines heftigen Angriffs entgehen kann, als daß er selbst den Gegner tötet oder

[1] l. 1, C. unde vi 8, 4.
[2] Art. 139. 140.
[3] Qu. XXX, 25. 26 arg.
[4] Qu. XXVIII, 19.

unschädlich macht. Darnach ist dreierlei erforderlich, um die rechte Notwehr zu bilden: causa, modus, tempus.[1]

1. Ein ungerechter Angriff.[2] Non enim iusta potest esse defensio, nisi praecedat iniusta offensio, sagt Carpzov.

2. Entsprechende maßvolle Anwendung von Gewalt zur Abwendung des Angriffs: defensio ad offensionem proportionata esse debet.[3] So reicht, um einen Menschen töten zu dürfen, nicht jeder Angriff hin, sondern es muß auch Lebensgefahr aus ihm entspringen. So darf man nicht gleich zu gefährlichen Waffen greifen, wenn man nur mit der Faust oder dem Stock bedroht wird.[4] Doch geht Carpzov nicht soweit, paritas armorum zu fordern.[5] Greift ein starker Mensch einen schwächlichen an, so darf dieser auch ungestraft sich der Waffen bedienen.

3. Sofortige Abwehr,[6] defensio in continenti. Während des Angriffs selbst muß die verteidigende Handlung vorgenommen sein, sind Gefahr und Angriff beseitigt, ist der Kampf schon beigelegt, so ist jede nachfolgende Handlung keine Notwehrhandlung mehr.

Treffen diese drei Momente zusammen, so liegt rechte Notwehr vor, und die in ihr begangene Handlung bleibt straflos, ja nicht einmal das Wehrgeld braucht gezahlt zu werden.[7] — Es ist nur nötig, daß diese Momente in der Meinung des Thäters vorhanden sind, daß er sich über sie, wenn sie objektiv nicht bestehen, in entschuldbarem Irrtum befinde. So z. B. wenn jemand einen Unschuldigen tötet in der Meinung, er werde von ihm angegriffen, während dieser bloß die beiden Streitenden auseinander bringen will.[8]

Liegt dagegen wirklicher Exzeß vor, so tritt eine mildere Strafe ein, und wenn er nur ganz gering ist, zum mindesten Zahlung des Wehrgeldes.[9]

[1] Suevus, Synopsis ad qu. XXVIII, sq. Berlich verlangt: 1. insultus, 2. periculum mortis, 3. keine andre Möglichkeit der Abwendung, also eventuell sogar Flucht, 4. Verteidigung in continenti. Vgl. § 10, S. 45, Anm. 6.

[2] Qu. XXVIII, 21. [3] Qu. XXVIII, 23. 24. [4] Qu. XXXVIII, 25.

[5] Qu. XXVIII, 27. Ebensowenig wie Berlich: deinde quia vis in continenti repelli debet, in continenti autem paria arma habere nequeunt.

[6] Qu. XXVIII, 28. [7] Qu. XXVIII, 34. 48.

[8] Qu. V, 35. [9] Qu. XXVIII, 48.

§ 10.

Exzess der Notwehr.

Exzeß der Notwehr liegt vor, wenn eines der drei aufgestellten Requisite, causa, modus, tempus, fehlt. Nach dieser Einteilung bespricht Carpzov denselben und wir müssen ihm hierbei folgen. Praktisch wird dabei wieder die Unterscheidung von defensio und iusta defensio. Je nachdem der excessus causae, modi, temporis zugleich defensionis oder iustae defensionis, i. e. inculpatae tutelae moderaminis excessus ist, tritt verschiedene Strafe ein. Carpzov scheidet diese beiden nun stets, aber nicht zum Vorteil klarer Systematik.

Überhaupt giebt er zu, daß nach einer allgemeinen Regel diese beiden Arten des excessus sich nicht trennen lassen: das müsse man zum großen Teil dem Ermessen des Richters überlassen.[1]

I. Excessus ratione causae.[2] Erfordert wird eine iniusta offensio. Carpzov nennt sie die causa et basis moderaminis inculpatae tutelae.

1. Excessus moderaminis inculp. tutelae[3] ist vorhanden, wenn zwar eine offensio vorliegt, doch kein heftiger Angriff.

2. Excessus defensionis.

a. Liegt überhaupt kein Angriff seitens des Getöteten vor, oder hat der homicida den Angreifer erst zum Kampf gereizt, ist er also auctor rixae geworden, so kann von einer Notwehr auch nicht die Rede sein. Interessant ist besonders die Anschauung, die auch jetzt zwar vertreten, aber nicht allgemein geteilt wird, daß derjenige, der sich auf Notwehr berufen will, den andern nicht vorher zur That, zum Angriff angestachelt haben darf. Denn dann liegt, wie Carpzov sagt, keine iniusta offensio vor und der provocans hat sich des Rechts auf die Berufung des beneficium necessariae defensionis begeben.[4] Nec enim incipere dicitur, qui provocatus ad iram aliquid fecit, sed potius ille princeps culpae est, a quo malitia incipit.[5]

b. Zu unterscheiden von dem Fall, wo der Angegriffene aus entschuldbarem Irrtum einen andern tötet, ist der, wo er lediglich

---

[1] Qu. XXIX, 36.
[2] Qu. XXIX, 39. Suevus, Synopsis ad qu. XXIX.
[3] Qu. XXIX, 70. [4] Qu. XXIX, 42. [5] Qu. XXIX, 43.

iracundiae calore servens gegen einen andern losgeht.[1] Es ist gerade beim gewöhnlichen Volk keine seltene Erscheinung, daß, wenn mehrere beisammen sind und einer von einem andern beleidigt wird, der Beleidigte dann in seiner Wut auf jeden losschlägt, der ihm gerade in den Weg kommt. Das, meint Carpzov, soll nicht als Notwehr gelten.

c. Drohungen an sich oder die vage Vermutung, man werde von dem andern geschlagen oder getötet werden, begründet noch keine Lebensgefahr. Sie haben kein solches Gewicht, um deshalb jemand töten zu dürfen. Sunt enim minae verba, quae non verberibus sed verbis sunt repellenda.[2] Verbindet sich aber mit der Drohung irgend eine Handlung, welche die Ausführung des Gedrohten erwarten läßt, wie das Ergreifen des Schwerts, das Erheben des Armes,[3] sodaß metus instantis periculi, terror et metus extremus actui proximus erzeugt wird, so ist das hinreichend, den andern in Notwehr zu versetzen. Nec invasus primum actum exspectare tenetur. Je nach den Umständen ist er dann entweder ganz mit Strafe zu verschonen, oder mit extraordinaria poena zu belegen.

Von Carpzov als excessus defensionis ratione modi behandelt, richtiger aber jedenfalls unter excessus ratione causae noch zu stellen, ist der Fall, daß der insultatus den Angreifer tötet, obwohl er sich überhaupt in keiner Lebensgefahr befand, weil dieser ihn nur leviter oder gar nur zum Scherz offendit. Man kann hier in Wirklichkeit gar nicht von einem Angriff reden, die Notwehrlage ist nicht vorhanden, darum tritt poena ordinaria ein.

II. Excessus ratione modi. So bleibt also in Hinsicht auf das Maß nur die Möglichkeit des excessus moderaminis inculpatae tutelae, d. i. die Überschreitung des rechten Maßes bei Anwendung der Abwehrmittel. Der Angegriffene befindet sich zwar in Gefahr, kann sie aber noch auf andre, mildere Weise abwenden, als durch Ergreifen des äußersten, schwersten Mittels: defensio ad offensionem non est proportionata.[4]

a. So wenn jemand mit der Faust, dem Stock, angegriffen wird und sich mit Waffen und Schwert wehrend, den Angreifer tötet,[5] da er doch anders sich verteidigen kann. Zu beachten ist das Erfordernis der Möglichkeit, sich wirklich anders verteidigen zu können, und zwar in genügender Weise. Die inaequitas armorum an sich begründet noch nicht den Exzeß. Ausdrücklich aber wendet sich

[1] Qu. XXIX, 50. [2] Qu. XXIX, 56.
[3] Qu. XXIX, 58. Berlich, concl. XIII, 7.
[4] Qu. XXX pr. Suevus, Synopsis ad qu. XXX.
[5] Qu. XXX, 18.

Carpzov gegen das deutsche Sprüchwort: „auf eine Maulschelle gehöret ein Dolch“,[1] und bestreitet energisch, diesen Fall als solchen anzusehen, in dem man ungestraft töten dürfe! Zu entschuldigen sei hier die That nach jener vorausgegangenen Beleidigung in etwas nur durch den Zorn, und weil man überhaupt dem nachsehen müsse, der sich rächen wolle.[2] Es trete darum eine mildere Strafe ein.

b. Bezüglich der Frage, ob der Insultat gehalten sei zu fliehen,[3] stellt sich Carpzov auf denselben Standpunkt, wie die Carolina.[4] Er sieht nämlich einen Exzeß auch darin, daß jemand, der sein Heil in der Flucht suchen konnte, und zwar ohne Gefahr für sich, nicht flieht, sondern dem Angreifer widersteht und ihn tötet. Wesentlich ist hierbei, daß die Möglichkeit zu fliehen für ihn auch wirklich ohne alle Gefahr war, er nicht sich dem bewaffneten Gegner preisgab, indem er ihm den Rücken wendete.[5] Dann aber besteht für jeden die Pflicht zu fliehen, und niemand ist davon ausgenommen, „nicht Soldaten, nicht Vornehme oder sonst in hohem Ansehn stehende Männer, die doch gemeinhin glauben, es mit ihrer Ehre und Würde nicht vereinbaren zu können, die Flucht zu ergreifen, da dies ein Zeichen nicht eines starken Mannes, sondern eines schwachen Weibes sei“.[6]

Man sieht also, wie großes Gewicht Carpzov auf das Erfordernis legt, zu fliehen, wenn die Möglichkeit geboten. Uns erscheint das jetzt als ein unwürdiges Verlangen. Erklärlich wird die Bestimmung aber dadurch, daß sowohl von der Carolina als von Carpzov die Notwehr nie von allgemeinen Gesichtspunkten aus, sondern immer nur als ein spezieller Fall der straflosen Tötung betrachtet wird, als ein homicidium necessarium. Die Fälle aber, in denen ein Mensch straflos getötet werden kann, bestrebte man sich begreiflicher Weise möglichst einzuengen: und daß die damalige Rechtsanschauung auch das als Exzeß der Notwehr bezeichnete, wenn dem Angegriffenen nur irgend eine Möglichkeit blieb, selbst die des Fliehens, um dieser letzten, äußersten Konsequenz, jemand zu töten, zu entgehen, kann nicht Wunder nehmen, da ja sogar der Selbstmord mit Strafe belegt würde. Gleichwie das schuldhafte Versetzen in Notwehr — z. B. dadurch, daß ich den Angreifer vorher reize — mich des beneficium necessariae defensionis beraubt,

[1] Qu. XXX, 35. [2] Qu. XXX, 38. [3] Qu. XXX, 53.
[4] Art. 140. 142. [5] Qu. XXX, 54. Berlich, concl. XIII, 31.
[6] Qu. XXX, 59. Anders dagegen Berlich, concl. XIII, 34: Si insultatus est miles vel alia egregia persona, insultans vero rusticus vel alia persona levis, tum insultatus fugere non tenetur. Und weiter Not. 36: Si robustus insultatus a debili, tunc is fugere etiam non cogitur!

so auch das schuldhafte Verharren in Notwehr länger, als es für mich unbedingt nötig ist. Für diese Anschauung zeugt das Beispiel, das Carpzov bringt.[1] Wenn jemand, der vor seiner Thür steht, dem Angreifer, der auf ihn eindringt, dadurch entgehen kann, daß er sich hinter seine Thür zurückzieht und sie schließt, er dagegen stehen bleibt und sich verteidigend jenen tötet, so begeht er einen Exzeß der Notwehr.

c. Daß auch ein Schimpfwort noch nicht genügt, um jemand zu töten, bedarf nicht näherer Untersuchung,[2] wie sie Carpzov für nötig befindet. Non est in vitae periculo, sagt er, und inter verba et verbera nulla est proportio. Doch eine mildere Strafe tritt auch hier ein.

III. Excessus ratione temporis.[3] Die Verteidigung muß geschehen in continenti, durante adhuc offensione, non divertendo ad alios diversos actus: jede spätere Handlung ist im Exzeß begangen. Auch hier nun unterscheidet Carpzov zwischen excessus defensionis und moderaminis inculpatae tutelae, fügt aber selbst hinzu, daß der Unterschied durch eine feste Regel nicht bestimmt werden könne.[4] Im allgemeinen soll folgendes entscheidend sein: excessus moderaminis inculpatae tutelae ist dann vorhanden, wenn durante dolore et ira,[5] antequam divertatur ad actus extraneos der Angegriffene den Angreifer tötet: darum hier poena extraordinaria; dagegen excessus defensionis, wenn post rixam et postquam cessavit dolor et ira von neuem der Angegriffene gegen den Angreifer losgeht. Man muß also untersuchen, ob die Gemütserregung noch fortdauert oder nicht. Deshalb wird im besondern:

1. Excessus defensionis vorliegen, wenn

a. nach dem Angriff eine längere Zeit, eine oder mehrere Stunden oder gar Tage verflossen sind, und der Angegriffene nun erst den Angreifer tötet. Hic animo perverso ulciscendi delinquit.[6]

b. Ebenso, wenn der Streit bereits gütlich beigelegt war und die Streitenden friedlich auseinander gegangen sind, plötzlich aber der ursprünglich Angegriffene von neuem beginnt.

c. Hierher wird man auch richtiger den Fall stellen müssen, den Carpzov als excessus ratione modi aufführt: wenn nämlich jemand denjenigen, der zwar zuerst angriff, dann aber sich zur Flucht wandte, tötet. Auch hier gilt: tunc repressio non ad tutelam,

[1] Qu. XXX, 56.

[2] Qu. XXX, 59. Hälschner, a. a. O. I, S. 260. Unrichtig Geib, Lehrbuch des deutsch. Strafrechts II, S. 236.

[3] Qu. XXXI, 1. Suevus, Synopsis ad qu. XXXI.

[4] Qu. XXXI, 19. [5] Qu. XXXI, 20. [6] Qu. XXXI, 34.

sed ad vindictam.[1] Carpzov will aber noch unterscheiden, ob der Fliehende Waffen habe oder nicht. Im letztern Fall, auch wenn der Angegriffene dem fliehenden Angreifer die Waffen vorher erst entrissen hat, soll der erstre als extra omnem causam defensionis die poena ordinaria erleiden,[2] sonst aber eine mildere Strafe eintreten.

2. Excessus moderaminis inculpatae tutelae,[3] wozu also erforderlich ist, daß der Zorn und die Erregung noch fortdauert, wird vornehmlich dann anzunehmen sein, wenn die Streitenden nur auf kurzen Augenblick (Carpzov nennt $^1/_2$ Stunde höchstens, nicht ein oder mehrere Tage) einmal getrennt waren, nicht um abzustehen, sondern nur um zu Atem zu kommen, neue Kräfte zu schöpfen, und der ursprünglich Angegriffene dann den Angreifer tötet.

Das ist die sehr kasuistische Behandlung des Exzesses der Notwehr bei Carpzov. Die Auseinanderhaltung des Prätextes vom Exzeß der Notwehr, die Berlich, concl. XV. XVIII scharf betont, ist Carpzov nicht gelungen.[4]

§ 11.

Notwehr (Fortsetzung).

War bisher immer nur davon ausgegangen worden, daß ein Angriff vorliege auf Leib oder Leben des sich Wehrenden, so verkennt doch auch Carpzov nicht, daß gegen jeden rechtswidrigen Angriff überhaupt Verteidigung Notwehr ist, also auch gegen einen

[1] Qu. XXX, 46. [2] Qu. XXX, 50. [3] Qu. XXXI, 27.

[4] Hälschner, a. a. O. I, S. 267. 269. — Klarer ist die Einteilung bei Berlich insofern, als er davon ausgeht, daß bei jedem Exzeß eine culpa vorliegt und er demnach den Exzeß nach den verschiedenen Graden der culpa einteilt — immer aber eine mildere Strafe eintreten läßt. Hiernach unterscheidet Berlich excessus:

1. lata culpa, wenn moderamen tutelae inculpatae exceditur in genere armorum, tempore, modo. Wann letztres vorliegt, giebt er allerdings nicht an,
2. levi culpa, wenn nur zwei dieser tres modi überschritten werden,
3. levissima culpa, si defendens unum dumtaxat ex requisitis non servavit. — Concl. XVIII, 1—9.

Keine Strafe tritt wegen des Exzesses nach Berlich ein, concl. XVIII, 10—13:

a. wenn jemand casu fortuito modum exzediert, z. B. im Affekt,
b. sehr eigentümlicher Weise: si quis in defensione rerum moderamen excessit,
c. wenn der Angegriffene schwächer ist als der Angreifer. Ihm ist ein Überschreiten verzeihlich, da er alles aufbietet zu seiner Verteidigung, was in seinen Kräften steht.

Angriff auf Leib und Leben eines andern und einen Angriff auf andre rechtliche Güter, wie Vermögen etc.[1] Ebenso steht das Recht zur Notwehr allen und gegen alle zu, denen oder von denen Gewalt angethan wird, unter Umständen auch gegen die Obrigkeit, gegen Kaiser und Papst, Wahnsinnige u. s. w.

I. Daß wir andre,[2] die ungerecht angegriffen sind und in Gefahr sich befinden, also in Notwehrlage sind, verteidigen, erscheint natürlich vor allem bei Verwandten und Respektspersonen, oder wem wir sonst verpflichtet sind. Doch auch Fremden[3] in Notwehrlage zu helfen, ist erlaubt. Dafür hat Carpzov eine gute Begründung. Er sieht nämlich darin eine Art ius publicum, öffentliche Befugnis, die einem jeden gegeben ist. Denn jeder soll für das Wohl des Staates sorgen: ein solcher rechtswidriger Angriff sei aber ein crimen publicum,[4] das alle verletze in ihrer rechtlichen Sicherheit, darum seien auch alle und jeder befugt, ihn zurückzuweisen. — Und dann sei ja auch gestattet, für einen negotia gerere, pro tutela bonorum opem ferre etc.: wieviel mehr müßte nicht erlaubt sein, pro personis illorum defensionem subire. Schließlich aber befehle schon die Bibel,[5] den andern wie sich selbst zu lieben, folglich müsse man ihn auch wie sich selbst verteidigen. — Hier verfällt Carpzov, wie öfter, aus der Sucht, die Zahl der Argumente zu häufen, in Plattheit der Beweisführung, und die Schwäche der übrigen Gründe beeinträchtigt dann leicht das Gewicht und den Wert des einen guten Grundes.

II. Unsere andern Güter, wie Ehre, Scham und Vermögen, können wir ebenso wie Leib und Leben unter Umständen mit dem Tod des Angreifers verteidigen.[6] Bona et res ad vitam conservandam necessaria, sagt Carpzov, viscera hominis appellantur, ja Aretinus nennt das Geld wohl geradezu das „Leben des Menschen".[7] Das rechtfertigt also die Verteidigung!

Carpzov tritt besonders der Meinung entgegen, als dürften bona et res nur dann bis aufs äußerste verteidigt werden,[8] wenn zugleich mit dem Angriff auf sie ein Angriff auf das Leben des Besitzers sich verbände, denn nulla proportio inter res et hominem

---

[1] Anders Berlich, concl. XII, 41: Pro honoris defensione et famae non licet alterum occidere, d. h. er läßt auch hier Notwehr zu, beschränkt sie jedoch in ihrem Maße.

[2] Qu. XXXII, 1. Geib, a. a. O. II, S. 236.

[3] Qu. XXXII, 11. Carolina, Art. 150.

[4] Qu. XXXII, 10. [5] Qu. XXXII, 13.

[6] Qu. XXXII, 14. [7] Qu. XXXII, 15.

[8] Geib, Lehrbuch des deutsch. Strafrechts II, S. 234. — Unrichtig Hälschner, a. a. O. I, S. 249.

eiusque vitam.[1] Hier wendet Carpzov sehr richtig ein: dann giebts überhaupt gar keine defensio rerum; denn muß damit eine Lebensgefahr verbunden sein, so verteidige ich nicht meine Sachen, sondern eben mein Leben. So ist vielmehr auch dann die Tötung eines Menschen gestattet, wenn ich meine Sache auf irgend eine andere Weise nicht retten oder mir zurückerlangen kann. Ist freilich irgendwie eine solche Möglichkeit vorhanden, so darf nicht zum äußersten geschritten werden. Das ist z. B. der Fall, wenn der Dieb zwar die Sache bereits genommen hat, ich ihn aber erkannt habe und so gerichtlich mein Eigentum von ihm fordern kann.[2]

Es ist also unbedingt nötig, daß eben nur durch Tötung des Angreifers ich entweder die Sache in meinem Besitz erhalten oder sie wieder sofort in denselben zurückbringen kann.[3]

Den bereits genannten Einwurf: nullam esse proportionem etc. läßt Carpzov nicht gelten. So strikt, meint er, ist dieser Satz überhaupt gar nicht zu nehmen; denn gälte er, wie dürfte man dann mit Recht die Diebe hängen?[4] Wie dürfte man die Räuber töten? Cum nec fur nec raptor nec quivis alius invasor bona alterius surripiens in suo statu permaneat, sed tranquillitatem humanam maxime turbet ac laedat — oder, wie es kurz zuvor heißt: laedit societatem humanam, communem salutem et publicam tranquillitatem — utique nec vitae eius praestantia alterius considerari debet. Man sieht, hier bricht die alte deutsche Friedlosigkeit durch!

Besonders tritt das Tötungsrecht hervor gegenüber dem fur nocturnus. Hier wird am häufigsten der Angegriffene in die Lage kommen, den Angreifer töten zu müssen. Doch gehören auch hierzu immer gewisse Voraussetzungen, die alle darauf hinauslaufen, daß die Tötung in der That das letzte Mittel ist: man muß dem Dieb zugerufen haben, man wolle ihn töten, man darf ihn nicht erkannt und nicht Zeugen zur Hand haben, man darf ihn nicht haben gefangen nehmen können, denn alles dies wäre geeignet gewesen, sein Gut sich zu erhalten, ohne einen Menschen töten zu müssen.

[1] Qu. XXXII, 19. So Berlich, concl. XII, 35—39: obiectum autem defensionis est non solum corpus humanum, ita ut quis non solum pro defensione corporis sui aliquem occidere possit, sed etiam pro defensione rerum. Quae tamen defensio rerum ita demum licita erit, si cum vitae corporisque periculo coniuncta sit, alias non etiam, sed extra ordinem punietur. Doch es ist nicht unmittelbare Gefahr hier erforderlich, es genügt, wenn der Räuber überhaupt Waffen trägt.

[2] Qu. XXXII, 28. [3] Qu. XXXII, 32. [4] Qu. XXXII, 23.

§ 12.

Notstand.[1]

An die Behandlung der Notwehr schließt sich begrifflich die des Notstandes.

Carpzov erwähnt diesen kurz beim Diebstahl aus Hungersnot. Man wird aber trotzdem Notstand als allgemeine Kategorie auch nach Carpzovs Meinung ansehen müssen, da er sich offenbar in der Behandlung an das kanonische Rccht anlehnt, das in dieser Materie großen Einfluß ausgeübt hat. Obgleich auch dieses den Notstand beim besondern Fall des Diebstahls bespricht,[2] will es doch die Straflosigkeit der im Notstand begangenen Handlung als allgemeinen Grundsatz hinstellen.

In der Regel freilich betrachtet Carpzov den Notstand nur als Strafmilderungsgrund, und nur, wenn in äußerster Not ein ganz geringfügiger Diebstahl begangen ist, kann die Strafe völlig ausbleiben.[3]

Während aber die Carolina, Art. 166, nur den sog. Mund-diebstahl erwähnt, dehnt Carpzov wie Berlich die Strafmilderung auf jeden Diebstahl aus, wenn er nur in wirklicher Hungersnot begangen ist,[4] auch den Diebstahl von Kleidern nuditate corporis zählt er analog hierher. Wann eine solche extrema necescitas vorhanden sei, wird dem arbitrium iudicis unterstellt.[5] Sonst ist von einer juristischen Konstruktion des Notstandes bei Carpzov nichts zu finden.

IV. Strafe.

§ 13.

Formale Einteilung des Verbrechens.

Nach der Schwere der Strafe teilt Carpzov in formaler Beziehung die Delikte ein in delicta levia, gravia seu atrocia, gravissima seu atrocissima.[6] Natürlich richtet die Höhe und

---

[1] Hälschner, a. a. O. I, S. 272.

[2] c. 4. X de R. D. 5, 41. — c. 3. X de furt. 5, 18: — necssitatis tempore omnia esse debent communia. [3] Qu. LXXXIII, 50.

[4] Qu. LXXXIII, 42. Berlich läßt sie sogar zu, wenn die Angehörigen in Not sind, concl. XLIV, 42. [5] Berlich, concl. XLIV, 42.

[6] Qu. CII, 56.

Schärfe der Strafe sich nach der Qualität des Verbrechens,[1] aber in der Systematisierung und Charakterisierung ist gewissermaßen eine Umkehrung des Satzes distinctio poenarum ex delicto[2] eingetreten, indem die Strafart zurückwirkt auf Bestimmung des Verbrechens, das mit ihr bedroht ist. Gleich der äußerlichen Definition unseres deutschen Strafgesetzbuches sagt auch Carpzov:[3] Ex qualitate poenae, quae pro delicto imponitur, qualitas et quantitas delicti cognoscitur; et ideo tanto gravius delictum iudicari debet, quanto gravior poena pro eo imposita reperitur. Hieraus geht hervor, daß die Strafdrohung als solche doch auch für Carpzov schon von Bedeutung für den Begriff des Verbrechens ist.

Delicta atrocia[4] sind nun nach Carpzov — und er schließt sich hier der Meinung des Julius Clarus an — diejenigen, welche mit der einfachen, delicta atrocissima die, welche mit der qualifizierten Todesstrafe bedroht sind. Die Schärfung kann auch in der Hinzusetzung einer Geldstrafe bestehen.[5]

Alle übrigen Delikte sind delicta levia. Nach der arbiträren Natur der Strafe[6] liegt es auf der Hand, daß die Qualität des Delikts nicht für immer unabänderlich ist.[7] Denn das atrox delictum wird zum atrocissimum, wenn derart Umstände zusammentreffen, daß nach der Meinung des Richters die That mit einer härtern Strafe zu belegen ist.[8] Und so ist es auch umgekehrt der Fall.[9] Darum kann man allerdings fragen, welchen Nutzen denn diese ganze Unterscheidung hat. Carpzov nennt einen solchen für den Prozeß:

1. Bei delicta atrocia ist eine doppelte, bei delicta atrocissima eine dreimalige Tortur zulässig;

2. bei delicta atrocissima war weiter nach der allgemeinen Ansicht dem Richter gestattet, iura transgredi und zur Folter zu schreiten, auch wenn nicht genügende Indizien vorhanden waren:[10] eine Ansicht, die Carpzov aber nicht billigt — außer in Hexenprozessen[11] — da er nur eine Überschreitung des Strafmaßes zulassen will.

---

[1] Qu. CII, 61: Commensurandae siquidem sunt poenae delictis; qu. CII, 1.
[2] Tacit. c. 12 de mov. Germ. [3] Qu. CII, 61. [4] Qu. CII, 62.
[5] Qu. CII, 63. [6] Qu. CL, 7.
[7] Qu. LII, 89: non enim ex genere poenae de qualitate et substantia delicti semper iudicare licet.
[8] Qu. CII, 65. [9] Qu. CII, 66.
[10] Qu. CII, 67. — Wächter, Beiträge, a. a. O., S. 99.
[11] Qu. CXXII, 60; qu. CXIX, 61.

§ 14.

Zweck des Strafgesetzes.[1]

Eine eigene Theorie und eine feste Begriffsentwickelung über das Wesen der Strafe stellt Carpzov noch nicht auf. Er versucht aber immerhin, die Strafe philosophisch zu begründen. Daß er nicht aus einem einzigen Zweck heraus die Strafe erklärt, sondern mehrere gelten läßt, scheint eher ein Vorzug als ein Fehler. Auch die Betonung des religiösen Moments, die Auffassung des Verbrechens als Sünde und des Charakters der Strafe als eines Mittels, Gott im Kampf gegen den Teufel zum Siege zu verhelfen, tritt keineswegs ausschließlich bei allen Verbrechen zu Tage,[2] sondern in der Hauptsache nur bei dem Verbrechen der Hexerei.

Die Strafe hat nach Carpzov einen dreifachen Zweck:

1. Sie dient zur Aufrechterhaltung der Würde und Autorität der Staatsgewalt, zur Erhaltung des Staates.[3]

Kein Hauswesen, sagt Carpzov, kein Staat kann bestehen, wenn er nicht Strafen für die Verbrechen festsetzt. Freilich sind sie ein Übel auch für den Staat, das erkennt Carpzov an, und es wäre besser ganz zu verhüten, daß Verbrechen entstehen;[4] wenn sie aber entstanden, muß der Staat durch Strafe auf sie reagieren, denn: dignitatem suam magistratus conservare debet illaesam. Die Verachtung der Gesetze habe stets den Untergang der Staaten befördert.[5]

2. Weiter soll die Strafe aber auch den von ihr betroffenen castigare,[6] und entweder dadurch oder durch Vernichtung des Schuldigen die Integrität des Ganzen wahren. Gleichwie die Ärzte ein krankes Glied abschneiden, um den übrigen gesunden Körper zu retten, so muß der Staat durch Strafe den Verbrecher unschädlich machen, ut saltem alii non inficiantur ab hoc, qui sublatus erit. Hieraus folgert Carpzov die zwiefache Art der Strafen und die Berechtigung beider: Geringere Strafen für geringere Verbrechen, wenn noch die Möglichkeit vorhanden ist, den Betroffenen dadurch zu bessern und so auch das ganze Staatsleben vom kranken

[1] Geib, Lehrbuch des deutsch. Strafrechts II, S. 33.

[2] So Stintzing, Geschichte der deutsch. Rechtswissenschaft II, S. 75.

[3] Qu. CI, 10. 11. Suevus, Synopsis ad qu. CI.

[4] Qu. CI, 1: Sicuti medico indecora sunt multa funera meliorque censetur, qui morbum excludit et prohibet, quam qui pharmacis expellit acceptum: ita multo praestabilius est efficere, ne facinora perpetrentur, quam si patrata condignis puniantur suppliciis. [5] Qu. CI, 2. 9. [6] Qu. CI, 2. 13. 14.

Glied zu heilen, oder, wenn dies nicht der Fall, und Besserung des Verbrechers nicht zu erwarten ist, in Hinsicht auf das gesamte Staatswesen Vernichtung des Verbrechers, um jenes intakt zu erhalten.[1]

3. Endlich soll die Strafe ein warnendes Beispiel für die andern bilden,[2] ut ad detestanda ea (sc. poena) singulari et publico exemplo opus videatur, quo recordatione periculi caveant alii et horror illis incutiatur, ne quis in eo delinquere audeat.[3]

Die andern sollen abgeschreckt werden, ein gleiches Unrecht zu begehen.

Die Strafe soll die andern aber nicht bloß abschrecken, sondern durch Vorführen eines warnenden Beispieles zugleich auch bessern. Unde patet, in poenis dictandis non modo delinquentis personam ac corpus esse considerandum, sed ipsum παραδεῖγμα, quo alii meliores reddantur et a criminibus deterreantur.[4] Auch in der Bestrafung des einzelnen, sagt Carpzov, liegt insofern ein Gewinn für das ganze, für alle, als die Strafe ihnen zum Beispiel und zur Besserung dient.[5] Das ist der Grund, warum auch noch an dem Körper des toten Verbrechers die Strafe exequiert wird.[6]

So finden wir denn, daß Carpzov, wenn er auch nicht von einem Prinzip aus die Strafe erklärt, über deren Wesen und Zweck doch Richtiges denkt.

Bemerkenswert ist, daß die Besserung des Verbrechers weniger um seiner selbst willen, als um des Staates willen geschehen soll. — Vornehmlich aber sieht er in der Strafe eine Reaktion des gesunden Staatswesens gegen staatsfeindliche Elemente und erkennt sie als einen Ausfluß dieser Staatsgewalt an.

---

§ 15.

Herrschaftsgebiet des Strafgesetzes.

Mit Unrecht wird behauptet,[7] Carpzov habe das forum deprehensionis als unbedingt geltend anerkannt. Man übersieht dabei, daß Carpzov unterscheidet zwischen Anwendung des Prozeßrechts und des materiellen Rechts.[8] Das Prozeßverfahren freilich soll nach dem Gesetz desjenigen Landes stattfinden, in dem der Thäter ergriffen worden ist, hier also gilt das forum

[1] Qu. CI, 15. [2] Qu. CI, 16. [3] Qu. CXXXI, 12. 13.
[4] Qu. CI, 18. [5] Qu. CI, 18; qu. CXLII, 41; qu. CXXXI, 12—14.
[6] S. § 18. [7] So Hälschner, Syst. I, S. 54. [8] LIV, 54.

deprehensionis.[1] Carpzov begründet das: multum interest rei publicae, ne delicta impunita remaneant, quod certe fieret, si iudex loci, in quo delinquens reperitur, qui proximus est ad puniendum et cui potissimum ob praeventionem hoc incumbit, id facere negligeret.[2]

In bezug auf das materielle Strafrecht dagegen gilt stets das des Ortes der Begangenschaft,[3] der locus delinquendi, das forum delicti commissi, als maßgebend;[4] das Recht des Territoriums, in welchem die verbrecherische That begangen ist, hat zur Anwendung zu kommen. Es ist das die logische Folgerung aus dem Satz: die Strafe ist die Reaktion des Staates gegen das Verbrechen: quam (sc. poenam) statim ac ipso momento in loco, quo delinqunt rei, incurrunt.[5]

Die Gerichte handeln hier, wenn forum deprehensionis und forum delicti commissi nicht zusammenfallen, gleichsam nur als Mandatare des Gerichts des Ortes der Begangenschaft. Demnach wird, sagt Carpzov, ein Ehebruch, wenn er in Sachsen begangen, richtig auch im Auslande nach sächsischem Recht bestraft, während umgekehrt ein im Ausland begangener Ehebruch, der in Sachsen zur Beurteilung kommt, nach ausländischem, nicht nach sächsischem Recht bestraft wird.[6]

Wo aber ist ein Verbrechen begangen, wenn kann man sagen, daß ein forum delicti commissi entstanden ist? Carpzov antwortet darauf: dort, wo das Delikt konsumiert worden ist, wo von allen Thatbestandmomenten, welche begrifflich zu einem bestimmten Delikt nötig sind, das letzte entstanden ist:[7] et delinquendo in poenam istius loci statutariam consentiunt, eamque ipso momento, quo delictum consummatur, incurrunt. Wenn darnach eine verbrecherische Thätigkeit sich durch mehrere Strafgesetzgebiete zieht, so hat dasjenige Strafgesetz Anwendung zu finden, unter welchem eben delictum consummatum est, wo der ultimus actus stattgefunden hat. Ist aber das Verbrechen in mehreren Territorien konsumiert, so ist der Richter eines jeden Territorium soweit kompetent, als das Delikt in seinem Gebiet konsumiert worden ist.[8]

[1] Qu. CX, 69. [2] Qu. CX, 73. [3] Qu. LIV, 54.
[4] Qu. LIV, 50. 51. [5] Qu. LIV, 54.
[6] Qu. LIV, 54. 55. [7] Qu. LIV, 51.
[8] Qu. CX, 23. Si delictum in distinctis territoriis fuerit consummatum, cuiusque territorii Dominum iudicem delicti esse competentem: eatenus nempe, quatenus crimen in suo territorio perpetratum et consummatum fuerit, veluti si quis alterum in Titii territorio verberet eumque in Seii territorium fugientem insequatur et percutiat.

§ 16.

Konkurrenz.

Der Satz: singulis delictis singulae poenae, wie er unumschränkt im römischen und kanonischen Recht galt und auch von der italienischen Doktrin aufrecht erhalten wurde,[1] hat bei Carpzov seine ausschließliche Geltung verloren, und wenn der andre: poena maior absorbet minorem auch nicht zur alleinigen Regel geworden war, wie Hälschner sagt,[2] so ist er doch jenem gleichberechtigt an die Seite getreten. Jeder Satz beherrscht nunmehr im allgemeinen sein eigenes Gebiet: jener gilt für die Fälle der Real-, dieser für die der Idealkonkurrenz.

1. Idealkonkurrenz entsteht dadurch, daß mehrere Delikte diversi generis eodem tempore committuntur et ad eundem finem tendunt.[3] Eine genaue Unterscheidung zwischen Gesetzes- und Deliktskonkurrenz macht Carpzov nicht. Zur Idealkonkurrenz zählt er vielmehr viele Gesetzeskonkurrenzfälle, und nach seinen Beispielen und der Begründung, die er dafür giebt, daß hier poena maior absorbet minorem, scheint es fast, als habe er Gesetzeskonkurrenz vornehmlich im Auge. Denn wenn er sagt: is qui aliquem vulneravit et occidit, de homicidio tantum puniatur et poena vulneris cum poena homicidii confundatur;[4] so liegt hier natürlich nicht Idealkonkurrenz von Verwundung und Tötung vor. Ebensowenig ist, streng genommen, Idealkonkurrenz vorhanden, wenn parricidium und assassinium oder parricidium und veneficium gegen eine Person zusammenfallen. Die eine Handlung ist vielmehr durch zwei verschiedene Strafgesetze doppelt qualifiziert, nämlich Mord, einmal qualifiziert als an einem Verwandten begangen (parricidium), und Mord qualifiziert, weil durch Gift (veneficium) bewirkt. Die eine Handlung wird nach dem schwersten Qualifikationsmerkmal

---

[1] Hälschner, System I, S. 490. 493. — Auch Berlich hält noch durchaus an ihr fest. Er sagt concl. XVII, 45. 46: ubi plura delicta, pro quibus a lege diversae poenae infligentur, concurrunt, tunc possunt tales poenae omnes et singulae simul et semel per ordinem infligi, et procedendum est de minori ad maiorem et sic gradatim ad omnes donec legi satisfactum est — wenn nicht inzwischen das Objekt der Strafe gestorben ist, wie in dem angeführten Beispiel einer Strafvollstreckung an einem Steuerpächter in Wien anno 1520: ex quibus demum tormentis is moriebatur. — Sonst läßt sich Berlich nicht über die Konkurrenzfälle aus.

[2] Hälschner, System I, S. 547.

[3] Qu. CXXXII, 12. 13. Suevus, Synopsis ad qu. CXXXII.

[4] Qu. CXXXII, 12.

bestraft, das ist aber hier die Strafe des parricidium.[1] Diese schwerste Strafe absorbet poenam minorem. Das geschieht also dann, wenn das eine Delikt ein juristischer Bestandteil des andern ist: si plura delicta ad eundem tendant finem necessarium maioris seu principalis delicti, quod absque illis non tam commode patrari poterat.[2]

2. Realkonkurrenz, d. i. Zusammentreffen von mehreren Delikten zu verschiedenen Zeiten begangen, aber gleichzeitig zur Bestrafung gelangend.

Hier gilt gemäß dem römischen Recht im allgemeinen noch die Regel: singulis delictis singulae poenae competere debent,[3] denn nunquam plura delicta concurrentia faciunt, ut ullius detur impunitas.[4] Diese Regel hat aber Ausnahmen. Nicht aus innerlichen Gründen, wie bei Gesetzeskonkurrenz, sondern aus rein äußerlichen ist es oft unmöglich, diesen Satz durchzuführen. Carpzov behandelt diese Fälle in qu. CXXXII, 19 ff. und die Untersuchung gipfelt in der Frage nach der Kompatibilität der Strafen. Sind dieselben kompatibel, so werden sie neben einander verhängt, und es gilt der Satz: singulis delictis singulae poenae; sind sie es nicht, wie z. B. die verschiedenen Arten von Todesstrafe (Hängen, Rädern, Enthaupten etc.), so tritt das Absorptionsprinzip ein: in poenis vero inter se non compatibilibus, quales sunt variae mortis poenae, haec doctrina neutiquam obtinet, sed unius supplicium a maiore absorbetur.[5]

Der Grund dieser Absorption ist aber ein ganz anderer, als der oben genannte: er liegt lediglich in der Unmöglichkeit, mehrere Strafen zu exequieren. Unter Umständen jedoch kann eine Verschärfung der schwersten Strafe in diesen Fällen eintreten.[6] Carpzov geht hier sehr ins Detail, behandelt die Frage nach der Kompatibilität der Strafen sehr im einzelnen.[7] Besondern wissenschaftlichen Wert hat das nicht und kann darum hier übergangen werden.

Nur einer Erscheinungsform, auf welche das Absorptionsprinzip Anwendung findet, muß noch Erwähnung gethan werden, weil die Absorption nicht in dem äußerlichen der Strafvollstreckung, sondern in der Art der Begehung des Delikts ihren Grund hat: es ist die des fortgesetzten Verbrechens.

---

[1] Qu. XIX, 29; qu. XX, 42.

[2] Qu. CXXXII, 13. 16. In Note 17 wird ganz klar von Gesetzeskonkurrenz gesprochen. Carpzov referiert diese Ansicht aber nur, augenscheinlich ohne ihren Wert zu würdigen.

[3] Qu. XXIII, 39. [4] Qu. XXXIX, 80. [5] Qu. CXXXII, 23. 25.

[6] Qu. CXXXII, 56. [7] Qu. CXXXII, 19—28.

Über delicta successiva nämlich wird nur eine Strafe verhängt.[1] Der Grund ist, daß bei diesen die verbrecherische Thätigkeit, obwohl das Delikt als solches mehrmals konsumiert sein mag, noch nicht abgeschlossen ist; in delictis succesivis, non nisi unica poena etiam pro delictis pluribus et ex intervallo commissis imponitur, ubi ex iterata rei furtivae contrectatio ne non nisi unum furtum esse dicitur et non plura furta. Dasselbe gilt auch, wenn z. B. mehrere Schimpfworte gegen jemand ausgestoßen werden; es ist dennoch nur una iniuria vorhanden.[2] Ebenso bei fortgesetztem Ehebruche. So lange die Handlung aus einem einmal gefaßten dolus hervorgeht und ad eundem tendat finem, bildet der Komplex von zwar verschiedenen Deliktsperfektionen ein fortgesetztes, somit einheitliches Vergehen und rechtfertigt eine Strafe.[3]

---

§ 17.

Strafschärfungs- und Strafmilderungsgründe.

Eines Strafschärfungsgrunds ward bereits Erwähnung gethan: er tritt ein bei Realkonkurrenz, wenn zwei inkompatibile Strafen zusammentreffen. Hier fällt die eine weg, die schwerste aber wird noch qualifiziert. Ist z. B. die Todesstrafe mittelst Rades verwirkt, so wird diese noch geschärft durch wiederholte Zangenrisse etc. — Ein weitrer Strafschärfungsgrund ist die mehrmalige Begehung des Verbrechens seitens desselben Subjektes, die Rückfälligkeit.[4] Durch sie kann sogar die Qualität des Delikts verändert werden, ein delictum levius dadurch z. B. zum atrox werden.

Das sind aber nicht die einzigen Gründe. Nach der arbiträren Natur der Strafen ist der Richter vielmehr stets in der Lage, eine Verschärfung der angedrohten Strafe eintreten zu lassen, ob immanitatem criminis iudex hoc facere et poenas ordinarias transgredi debet; quoniam favor publicae disciplinae suadet, ut malitia puniantur.[5]

Die übrigen Strafschärfungsgründe aufzuführen, hat keinen Wert, da sie, wie gesagt, ins völlig freie Ermessen des Richters gestellt sind.[6]

Sehr ausführlich und fast weitschweifig behandelt Carpzov die Strafmilderungsgründe am Ende seines Werkes,[7] um schließlich

---

[1] Qu. LXII, 62; qu. XXIII, 48. [2] Qu. CXXXII, 13.
[3] Qu. CXXXII, 13. 15.
[4] Qu. XLII, 57: reiteratio ac continuatio delicti aggravet poenam et crimen alias non capitaliter puniendum propter reiterationem fiat capitale.
[5] Qu. XXIV, 10. [6] Qu. XLIX, 22 sq.
[7] Qu. CXLII—CXLIX.

gleichfalls zu dem Satz zu kommen, daß der Richter nach freiem Ermessen, je wie es die Umstände erheischen, urteilen solle.[1]

Diejenigen Gründe für Strafmilderung, die in der verminderten Zurechnungsfähigkeit beruhen, sollen hier näher ins Auge gefaßt werden als Vervollständigung des Kapitels über Zurechnungsfähigkeit.

Die Zurechnungsfähigkeit als ein Moment des Wollens kann auch eine relative sein und somit verschieden bei verschiedenen Subjekten. Es kann vorkommen, daß man zwar die Abwesenheit jeder Zurechnung nicht behaupten mag, diese letztre aber doch nach dem Zustand, in dem sich das Subjekt zur Zeit der That befand, in minderem Grade vorhanden ist, sei es, daß die Geisteskräfte des Thäters noch nicht oder nicht mehr voll entwickelt oder nur vorübergehend geschwächt sind. Alle diese Gründe kann man als subjektive Strafmilderungsgründe, im Gegensatz zu andern, den objektiven bezeichnen, denn sie haben ihren Grund in der Beschaffenheit des Subjekts.

I. Wie der infans noch völlig unzurechnungsfähig ist, so ist der minor[2] nur in vermindertem Grade zurechnungsfähig, die Strafe muß darum der geringern Schuld gemäß eine weniger harte sein.[3] Quia delictum ex indicio et animo doloso delinquentis aestimatur, iuniores autem perfectum consilium et iudicium non habent, utique mitius puniendi sunt.[4] Die impuberes also sind zwar nicht absolut unzurechnungsfähig, aber bei ihnen propter naturae infirmitatem iudicium infirmius est.[5]

Die Minorennität geht bei beiden Geschlechtern bis zum 14. Lebensjahr.[6]

Auch bei ihnen wieder zeigt sich, daß die doli capacitas für verschiedene Verbrechen verschieden ist, und somit, vorausgesetzt, daß der minor prope egressus est annum XIV, bei einem delictum atrocissimum die poena ordinaria eintreten kann,[7] weil für dieses das volle Verständnis für die Tragweite der verbrecherischen Hand-

---

[1] Wächter, Beiträge, a. a. O. S. 123. 125. — Hälschner, System I, S. 413. — Geib, Lehrbuch, S. 102. — Qu. CXLII, 36 sq.; qu. CXLIII, 1; qu. XXXIX, 9: quaelibet causa etiam iniusta et bestialis delinquentem a dolo et malitia excusare potest maxime quod poenam mitigandam.

[2] Qu. CXLIII, 3.

[3] Qu. CXLIII, 21. Berlich, concl. XLIV, 38—40: . . quia ubi minor dolus est, ibi etiam delictum mitius punitur; in minore autem non est tantus dolus quantus in maiore.

[4] Qu. CXLIII, 3. [5] Qu. CXLIII, 23.

[6] Qu. CXLIII, 26. [7] Qu. CXLIII, 54.

lung sich früher erschließt. Ob aber eine solche volle capacitas vorhanden ist, wird natürlich ins freie richterliche Ermessen gesetzt.[1]

II. Aus demselben Grunde wie die impuberes sind auch die senes[2] unter Umständen milder zu bestrafen, nämlich dann, wenn ihre Zurechnungsfähigkeit durch die Altersschwäche eine verminderte geworden ist, qui si delinquunt ex mente potius alienatione quam dolo peccare videntur.

Keineswegs aber ist das Greisenalter an sich schon ein Milderungsgrund,[3] wie etwa die Minorennität.

III. Zum furor ist das Gegenstück die melancholia,[4] ein geringer Grad des furor, die folglich auch die Zurechnungsfähigkeit nicht aufhebt, sondern nur vermindert. Melancholici vero sunt homines desparatae et emotae mentis, absurda et tristia sibi fingentes et dicentes.[5]

IV. Der mutus et surdus[6] kann sein völlig unzurechnungsfähig, oder, wenn er intellectum habet, zurechnungsfähig. Volle Geisteskräfte werden ihm aber nicht zugeschrieben, er wird deshalb stets milder bestraft.

V. Zu den Zuständen, die nur vorübergehend die volle Zurechnungsfähigkeit ausschließen und nur verminderte Schuldfähigkeit wirken, gehört vor allem iracundiae calor. Dieser Milderungsgrund hat bei Carpzov eine ganz bedeutende Ausdehnung und Wirksamkeit. Denn: difficillimum est, sagt er, iustum calorem temporare, homo intenso dolore permotus non est in plenitudine intellectus.[7] Das will aber freilich nicht sagen, daß der bloße Zorn einen Milderungsgrund bildet,[8] sondern nur, wenn er ex iusta causa hervorging und vor allem, wenn der Gereizte ex mente quasi est alienatus. Wie überall muß eben auch hier ein wirklicher Mangel in der Klarheit des Wollens und Vorstellens, eine verminderte Erkenntnis der Folgen vorhanden sein. Dieser Mangel des vollen Bewußtseins vom Kausalzusammenhang, der Tragweite des Thuns, ist eben der Grund der Strafmilderung.[9] Einen solchen erkennt Carpzov nur an in ira magna quando sc. delinquens taliter conciliatus est, ut in totum a mente alienatus et suus non fuerit.[10]

VI. Eine eigentümliche Stellung nimmt Carpzov der ebrietas gegenüber ein. Wie früher schon erwähnt, bewirkt nur die ebrietas

---

[1] Qu. CXLIII, 65. [2] Qu. CXLIV, 34. 1. 3.
[3] Qu. CXLIV, 12: senectus regulariter a poena neminem excuset.
[4] Qu. CXLV, 53. [5] Qu. CXLV, 54. [6] Qu. CXLVII, 2—26.
[7] Qu. CXVII, 41. 42. 43.
[8] Qu. CXVII, 45. 55. 56; qu. VI, 16; qu. XVIII, 5.
[9] Qu. CXLVII, 56. [10] Qu. CXLVII, 60.

immodica[1] eine Strafmilderung, und hier noch scheint Carpzov mit schwerem Herzen daran gegangen zu sein. Er „verwahrt sich aufs heiligste dagegen, etwa als ein Verteidiger der Trunksucht angesehen zu werden“.[2] — Der Grund ist auch hier: ebrietate immodica obrutus dolose non delinquit, quippe qui ob mentis alienationem vel exitum nec velle nec consentire dicitur, sed imo potius dementi ac furioso comparatur, cuius nulla est voluntas.[3] Gleichwohl tritt aber nach Carpzov nicht Straflosigkeit, sondern nur Strafmilderung ein.[4] Nur der dolus werde aufgehoben, nicht auch culpa.[5]

Hier allerdings scheint die Behauptung Recht zu finden, daß von Carpzov alles, was aus opus illicitum folge, zugerechnet werde. Aber es scheint nur so. Denn es sagt ja Carpzov selbst, daß dolus nicht vorhanden sei, weil das Bewußtsein vom Kausalzusammenhang in Wahrheit nicht da ist, und er legt dem Trunkenen, cum ignorare non deberet aliquid mali per ebrietatem a se admissum iri, culpa, nicht dolus bei.

Und trotz alledem verhehlt sich Carpzov nicht, ita ebrius non tam ob delictum, quam propter ebrietatem coercetur![6]

Gerade aus diesen letzten Worten geht hervor, daß in der Bestrafung des Trunkenen, der bis zur Bewußtlosigkeit gediehen ist, ein Argument gegen den früher aufgestellten Begriff von Carpzovs dolus und culpa nicht gegeben ist.

Bei modica und levis ebrietas[7] dagegen, die eine verminderte Zurechnungsfähigkeit nicht bewirkt, in qua integritas sensum ac rationis deprehenditur, tritt eine Strafmilderung nicht ein.

Auch immodica ebrietas wirkt unter Umständen nicht als Strafmilderungsgrund; nämlich dann nicht, wenn

1. der Thäter ein ebriosus, ein Gewohnheitstrinker, ist, und hinterher die That nicht bereut. Es wird dann gleichsam Ratifikation des Geschehenen angenommen;[8]

2. wenn einer weiß, daß er in ebrietate delinquere et alios percutere ac offendere solet, und trotzdem nicht absteht, sich zu betrinken.[9] Hier spielt wieder der dolus indirectus herein.

VII. Auch Furcht[10] vermag unter Umständen beschränkend auf die Zurechnungsfähigkeit einzuwirken. Carpzov führt als Beispiel an, daß eine Tochter, die sich vergangen hat, ihr Kind nun tötet aus Furcht vor dem gerechten Zorn und Schmerz der Eltern.

---

[1] Qu. CXLVI, 32; qu. CXLVI, 48: magna atque immodica ebrietas, quae mentis alienationem inducit.
[2] Qu. CXLVI, 1. [3] Qu. CXLVI, 36 sq. [4] Qu. CXLVI, 39.
[5] Qu. CXLVI, 40. [6] Qu. CXLVI, 41. [7] Qu. CXLVI, 49.
[8] Qu. CXL I, 55. [9] Qu. CXLVI, 58. [10] Qu. XVIII, 49.

VIII. Rusticitas[1] läßt Carpzov nicht als Milderungsgrund gelten.

Alle diese Gründe bewirken mehr oder weniger einen Mangel in der Zurechnungsfähigkeit des Verbrechers, und die verminderte Bestrafung hat schließlich ihren innersten Grund in dem Satze: absque voluntate nullum delictum.

Begreiflicherweise sind das nicht die einzigen Strafmilderungsgründe. Es lohnt aber nicht, alle aufzuzählen, da sie Carpzov doch dem freien richterlichen Ermessen überläßt.

Nur zwei haben noch eine allgemeine Bedeutung.

1. Die Reue. Wie dieselhe ante delictum consummatum wirkt, ward bereits oben erwähnt. Doch auch nach vollbrachter That[2] ist Reue unter Umständen als ein Strafmilderungsgrund zu beachten. Das von Carpzov angezogene Beispiel zeigt aber, daß er ebenso wie Berlich eine solche thätige Reue meint, die die geschehene Rechtsverletzung wieder gut macht, also z. B. wenn der Dieb freiwillig, bevor er entdeckt worden ist, die gestohlene Sache wieder zurückbringt.[3] Im allgemeinen entschuldigt sonst nachfolgende Reue nicht.

2. Transactio, d. i. Vergleich mit dem Verletzten nach geschener That. Zwar Straflosigkeit kann er nicht wirken — der Richter ist selbst nicht verhindert, die poena ordinaria eintreten zu lassen,[4] denn es handelt sich hier um ein Recht des Staates, zu strafen, und darüber kann der einzelne nicht disponieren[5] — aber Strafmilderung kann unter Umständen eintreten.[6]

---

§ 18.

Strafaufhebungsgründe.

I. Tod des Verbrechers.[7] Nach unsrer Anschauung sühnt der Tod die Schuld. Ist der Verbrecher gestorben, bevor der Arm der Gerechtigkeit ihn erfaßte, so läßt diese nach seinem Tode von ihm. Der Leichnam ist untaugliches Objekt für Strafe.

[1] Qu. XLV, 43. Berlich, concl. I, 1. 107. — Anders Hälschner, System I, S. 293.

[2] Qu. XLIX, 77; qu. XXXVII, 37: regula universalis est, quod poenitentia post delictum in multis delictis non atrocibus mitiget poenam.

[3] Qu. XVIII, 24; qu. XXXIX, 6; qu. XLIX, 72. 78. — Berlich, concl. XXIII, 10; XLIV, 70.

[4] Qu. CXLIII, 4.

[5] Qu. CXLVIII, 5. 6. 7 etc.

[6] Qu. CXLVIII, 23.

[7] Geib, Lehrbuch II, S. 134.

Im Grunde genommen verkennt das auch Carpzov nicht;[1] sieht auch er in dem Verfahren des Staates, soweit es eine Sühne von Seiten des Verbrechers herbeiführen soll, eine Möglichkeit der Strafe nicht. Fateor, sagt er, ipsa cadavera non puniri, neque adversus eadem executioni sententiam mandari posse, non magis, quam si quis in brutum animal, ob damnum datum, merum imperium excerceat.[2]

Da aber nach Carpzovs Strafrechtstheorie die Strafe auch die Bedeutung hat, daß sie zum Exempel anderer und zur Abschreckung dienen soll, so wird hieraus erklärlich, daß selbst noch am Leichnam — der andern wegen — die Strafe exekutiert wird.[3] Sie verliert dann freilich ihren Charakter als Strafe und wird nur zur Warnung für andre. Denen wird kund gethan:[4] So gehts Euch bei lebendigem Leibe, wenn ihr das und das thut, wie jetzt mit diesem Leichnam verfahren wird. Nur von diesem Gesichtspunkt aus ist eine Exekution der Strafe am toten Verbrecher zu begreifen.

II. Verjährung.[5] In Deutschland sind bez. der Verjährung die römischen rechtlichen Vorschriften rezipiert, doch sehr erweitert worden. Carpzov kennt zwar ebenfalls wie wir eine doppelte Art von Verjährung: nämlich Strafverjährung und Verjährung der Strafverfolgung,[6] doch legt er auf diese Unterscheidung kein wesentliches Gewicht.

Im Gegensatz zum Zivilrecht läuft beim Strafrecht die Verjährung vom Zeitpunkt der Begangenschaft des Delikts an, und zwar stets, auch wenn die Verfolgung unmöglich ist.[7] Sie ist ein tempus continuum,[8] als solches also lediglich durch die Strafverfolgungshandlung entweder des Anklägers oder des Richters zu unterbrechen. Ist die Verjährung abgelaufen, so wird das Verbrechen ipso iure getilgt;[9] es entsteht also nicht etwa eine Einrede, sondern der Richter hat die Verjährung ex officio zu berücksichtigen.[10]

Ist die Verfolgung noch innerhalb der nötigen Zeit angestellt und kommt es auch zur Verurteilung, so bringt die Länge der Zeit an und für sich nicht eine Strafmilderung, höchstens ein darauf folgendes langes und unbescholtenes Verhalten, aus dem eine Besserung des Thäters zu schließen ist.

---

[1] mors delinquentis . . delictum ipsum exstinguit: qu. CXLI, 1. Berlich, concl. V, 99. [2] Qu. CXXXI, 32.

[3] Qu. CXXXI, 11. 12. 27; qu. CXLI, 5. [4] Qu. CXXXI, 32. 34 sq.

[5] Geib, Lehrbuch II, S. 142. — Hälschner, System I, S. 541. — Suevus, Synopsis ad CXLI.

[6] Qu. CXLI, 6. Praescriptio delicti non modo criminis poenam sed et ipsum delictum ac per consequens accusationem quoque et processum criminalem tollit.

[7] Hälschner. a. a. O., S. 252. — . . Etiam ignoranti . .

[8] Qu. CXLI, 24. [9] Qu. CXLI, 30. [10] Qu. CXLI, 29.

Aus der Bemerkung, daß es nicht die Länge der Zeit ist, die strafmildernd wirkt, kann man wohl folgern, daß Carpzov, der sonst auf den innern Grund der Verjährung nicht eingeht, auch nicht die Länge der Zeit an sich als Ursache ansieht für Strafausschluß nach der Verjährung. Worin er diesen aber erblickt, ob in der Vernichtung oder Verdunkelung der Beweismittel, oder in anderm, sagt er freilich nicht. Erstres ist mir unwahrscheinlich, da er auch Verbrechen kennt, die wegen ihrer Größe in perpetuum durant.[1] Aus letztrem möchte darum vielleicht zu schließen sein, daß die nicht mehr vorhandene Reaktion des Staats gegen längst begangene Verbrechen ihren Grund in dem geschwundenen Interesse des Staates an der Bestrafung hat, da die Wunde, um bildlich zu sprechen, die durch das Verbrechen dem Recht geschlagen wird, bei geringen Delikten bereits vernarbt ist, während sie bei einem atrocissimum crimen noch offen steht. Kleine Vergehen schwinden in der Erinnerung der Menschen, großer wird noch lange nachher gedacht.

III. Begnadigung.[2] Carpzov ist wohl der erste, der das Wesen der Gnade untersucht, freilich noch wenig wissenschaftlich genügend.

Hauptsächlich rechtfertigt er sie aus strafpolitischen Gründen.

Ihre Notwendigkeit sieht er in der Unmöglichkeit, für alle Arten von verbrecherischen Handlungen die genügende und angemessene Strafe festzusetzen. Sie ist ihm gleichsam die notwendige Vervollständigung für die Möglichkeit, eine Strafe zu mildern,[3] und schließt sich so enge an die Gründe znr Strafmilderung an.

Subjekt der Gnadengewalt ist nun nach Carpzov nicht ausschließlich der Fürst,[4] stets aber ein Inhaber der Gerichtsbarkeit, obwohl auch dieser nicht immer völlig ungebunden, sondern öfter abhängig vom Richterspruch ist. Auch principes inferiores, duces, comites etc. ‚Regalia‘ tenent, und infolge dessen haben auch sie die Gnadengewalt. Denn die Gnade ist ein Regal.

Es giebt aber Verbrechen, denen Strafe angedroht ist nicht aus eigner Macht vom Inhaber der irdischen Strafgewalt, sondern die nach divinum ius zu bestrafen sind. Deren Begnadigung wäre daher ein Eingriff in göttliche Rechte, und sie steht somit auch nicht einmal dem princeps zu. Solche Verbrechen sind u. a. homicidium, adulterium etc.[5]

---

[1] Qu. CXLI, 52.
[2] Geib, Lehrbuch II, S. 162. — Hälschner, System I, S. 548.
[3] Qu. CLI, 1. [4] Qu. CL, 19.
[5] Qu. CL, 29—38. 83. Vgl. Stintzing, a. a. O., S. 75.

Befugt, Gnade zu üben sind nicht bloß die Fürsten mit Gerichtsbarkeit, sondern auch die magistratus ac iudices merum imperium habentes, d. i. die Ober- und Blutgerichte, nicht jedoch, wenn sie absque regalibus, d. i. ohne Gerichtsherrlichkeit sind, die Untergerichte.[1] Denn ius aggratiandi veniamque poenae reis indulgendi inter regalia refertur. Somit kann sie auch nur von denen ausgeübt werden, die die Befugnis entweder kraft eigner Machtvollkommenheit besitzen, oder denen sie übertragen ist.[2]

Ein eigentümlicher Grund hierfür wird von Carpzov noch angeführt, indem er Begnadigen ein contra legem agere nennt. Das aber könne nur der Fürst und qui supremi iura obtinet, weil dieser allein legibus solutus est. Carpzov verfolgt diesen Gedanken nicht weiter.

Aus alledem aber geht hervor, daß Carpzov das Begnadigungsrecht als Ausfluß der höchsten Machtbefugnis ansieht.

Wenn Carpzov auch dem magistratus inferior, absque regalibus, eine Gnadenbefugnis zuzusprechen scheint, so ist das, wie er auch selbst sagt, in Wahrheit weiter nichts, als die Ausübung der arbiträren Natur der Bestrafung. Darnach steht es ihm natürlich zu, die mildere Strafe zu wählen, nicht aber ganz straflos zu lassen.[3] Das Wählen der mildern, weil angemessenen Strafe, ist aber kein Gnadenakt.

In der Ausübung der Gnade mahnt Carpzov mit reiflicher Erwägung vorzugehen und nicht immer und unterschiedslos, willkürlich zu begnadigen.[4] Die Ausübung der Gnade sei eigentlich ein göttliches Recht, und der ausübende Magistrat hierin nur dei minister, er verwalte in der Gnade ein göttliches Gut, das er nicht verschwenden dürfe.[5]

So faßt Carpzov die Gnade auf. Er hält sich nicht ganz frei von Künsteleien, immerhin aber ist es ein Verdienst, über ihr Wesen wenigstens nachgedacht zu haben.

Der Abschnitt über die Gnade bildet den letzten in Carpzovs Practica rerum criminalium. Wie dort mag auch hier die Darstellung über die allgemeinen strafrechtlichen Begriffe mit ihr geschlossen werden.

---

[1] Qu. CL, 49. [2] Qu. CL, 51.
[3] Qu. CL, 75—82. [4] Qu. CL, 44. 45.
[5] Qu. CL, 45—47: Heinrich IV: Je ne veux pas pour l'amour de vous charger sur moy ce malheureux crime, dont il faudroit un jour rendre compte devant Dieu.

FSC
www.fsc.org
MIX
Papier | Fördert gute Waldnutzung
FSC® C083411

Kolibri 360 GmbH
Ferdinand-Jühlke-Straße 7
99095 Erfurt, Deutschland
produktsicherheit@kolibri360.de